Waltraud Sperlich

DIE HETHITER

Waltraud Sperlich

DIE HETHITER

Das vergessene Volk

JAN THORBECKE VERLAG

Bibliografische Information Der Deutschen Bibliothek
Die Deutsche Bibliothek verzeichnet diese Publikation in der Deutschen Nationalbibliografie; detaillierte bibliografische Daten sind im Internet über http://dnb.ddb.de abrufbar.

www.thorbecke.de
info@thorbecke.de

Dieses Buch ist aus alterungsbeständigem Papier nach DIN-ISO 9706 hergestellt.

Gestaltung:
Finken | Bumiller, Stuttgart
Druck: Memminger MedienCentrum, Memmingen
Printed in Germany
ISBN 3-7995-7982-6

INHALT

»Wenn du indes diese Worte bewahrst, so sollen die tausend Götter dich samt deiner Gemahlin, deinen Söhnen, deinen Enkeln, deinen Städten, deinem Dreschplatz, deinem Weingarten, deinem Großvieh, deinem Kleinvieh und deiner Habe huldvoll schützen!«

HETHITERKÖNIG MUWATTALLI II. in einem Vertrag um 1280 v. Chr.

EINE ÜBERRASCHENDE ENTDECKUNG

Im Halbschlaf packt die Archäologin ihren Rucksack. Noch ist es Nacht, und die einzige Funzel in ihrer Unterkunft ändert wenig daran. Traumwandlerisch steigt sie in ihre Bergschuhe, nestelt den Proviant zusammen und füllt nach Gefühl die Wasserflaschen ab. Drüben im Dorf räuspert sich phonstark der Muezzin, aber an diesem Junimorgen gehen seine Weckrufe im Nebel über dem Bafa Gölü unter. Ein See mit großer Vergangenheit.

Einst war er Meer, bis der Mäander das unterband. Bevor dieser Fluß die Küste im Südwesten Kleinasiens begradigte, reichte dort die Ägäis vierzig Kilometer weit ins Land hinein. Ein sicherer Naturhafen für all die wandernden Völker, die in Nußschalen zu neuen Ufern aufbrachen. Meist ging man hier gleich für immer vor Anker, war doch zum Siedeln die beste Erde da, angeschwemmt von dem Wasserlauf, der in die Bucht mündete. Als der Mäander noch nicht den Golf verschlossen hatte, gründeten die Kreter an seiner Einfahrt um 2000 v. Chr. eine Kolonie. Ein Traumplatz auch für die Griechen, die 1000 Jahre später in Kleinasien aufkreuzten. Milet entsteht hier, Big Apple der Antike und in seinem Dunstkreis eine Reihe bedeutender Städte. Wie Herakleia am östlichen Ende der Bucht, wo Anneliese Peschlow inmitten von Tempelruinen ihre Zelte aufgeschlagen hat. Eine passende Bleibe für eine klassische Archäologin. Weil das Gerassel vom Minarett nicht wie sonst durchdringt, muß sie heute ihren Assistenten in der Nachbarkate aus dem Schlaf schütteln: Murat – Kollege, Dolmetscher, Fährtensucher und guter Freund in Personalunion. Im Dunkeln verlassen die beiden ihr Basislager und halten auf das markante Zickzack eines Höhenzugs zu. Eine ganze Weile werden sie noch im Schatten der Zinnen wandern, die das erste Licht des Tages weichzeichnet. Das Gebirge im Strahlenkranz ist der Latmos, bis zu 1400 Meter hoch und mit seiner Schroffheit ein Fremdkörper in der mediterran lieblichen Küstenlandschaft.

Die Archäologin gräbt nicht. Sie geht. Läuft oft auf allen vieren. Klettert mitunter und kriecht. Hangelt über Abgründe. Alles im Dienst ihrer Wissenschaft. Survey heißt diese halsbrecherische Methode, die das Hauptaugenmerk auf die sichtbaren Überreste richtet. Viele der Altertümer sind nicht unter der Erde verschwunden, sondern in der Natur. Dickicht wickelt antike Gemäuer ein, und Moos verbirgt einstige Straßen. Ursprünglich war die Forscherin ausgezogen, im Latmos die hellenistischen Highways zu erkunden. Ein Hirte brachte sie von den Wegen ab. Er sprach von Bildern. Anneliese Peschlow entdeckte Felsmalereien und mit ihnen eine bisher unbekannte Kultur. Im 6. Jahrtausend v. Chr. hat da ein Völkchen die Freuden der neuen Seßhaftigkeit dargestellt. Nicht länger mußten Auerochs und Eber an der Höhlenwand beschworen werden, da man sie ja als Haustiere vor der Tür hatte. Motiv der kreativen Urbauern ist nun der Mensch, vor allem die Frau, die drall und prall zumindest die Gemälde dominiert. Der Mann als Strichmännchen ist Randfigur. Über dreißig Zeichnungen hat die Archäologin bis jetzt gefunden und hofft auf mehr.

Allein kommt Anneliese Peschlow hier nicht weiter. In diesen wilden Bergen sind Forscher auf Informanten angewiesen, die den Latmos wie ihre Kaftantasche kennen. Wenn schon nicht auf den Almen, trifft man Orts- und Kunstkundige am ehesten im Allerheiligsten der türkischen Männer an, im Hohen Haus der kleinen Tees und Kaffees. Der Recherche zuliebe nimmt die Archäologin die bitteren Getränke zu sich, die nur mit viel Zucker zu genießen sind. Erst gestern hat sie wieder schwere Vorarbeit geleistet. Zu einer der abendlichen Fragestunden waren Murat und sie zu einem Weiler in den Südostausläufern des Gebirges geholpert. Nur knapp eine halbe Tagesreise von den modernen Ferienzentren an der Küste entfernt, liegt der Ort weit hinter dem Mond. Wie zu anatolischen Steinzeiten sind hier die Hütten zumeist noch aus luftgetrockneten Lehmziegeln gebaut. Und eine bucklige Staubpiste ist die Hauptstraße, auf der eine Gänsemagd mit ihrem Federvieh die Zufahrt blockierte. Im Teehaus plusterten sich die Männer.

Der Echsenkopf aus Stein, der es an sich hat.

»Wir suchen Bilder auf Felsen,« so Murat an die Runde. »Vielleicht kennt jemand so ein Bild hier in der Umgebung? Die Angesprochenen kauen nachdenklich auf Teeblättern und den Mundstücken der Wasserpfeifen.

»Farbige Bilder. In Rot und Ocker. Oft auch in Schwarz.« Die Männer schauen verständnislos, als spräche ihr Landsmann eine fremde Sprache. Anneliese Peschlow wird ungeduldig. In der sonst frauenfreien Zone hält sie sich nicht etwa bedeckt, sondern prescht vor: »Striche, Linien und Kreise auf Felswänden. Hat jemand so etwas hier gesehen?« Die Zuhörer sprechen dem Tee zu. »Irgendein Zeichen. Etwas, das nicht natürlich ist?« Im Hintergrund räuspert sich ein alter Mann. »Können es auch Bilder ohne Farbe sein?« Anneliese Peschlow versteht nicht ganz. »Die Bilder, die wir suchen, sind meist in Rot und Gelb.« »Na denn,« wendet sich der alte Mann ab, »ich kenne nur seltsame Zeichen, aus dem Fels herausgehauen.«

Die Archäologen sind ganz Ohr. Zwar ist es nicht das, was sie suchen, hört sich aber sehr interessant an. Gleich morgen wollen sie der Sache nachgehen und brauchen dafür eine genaue Ortsbeschreibung. Der alte Schäfer kann nicht lesen und Karten erst recht nicht. Als Führer kann er kaum dienen, weil der Weg weit und steil ist, und da machen seine Beine nicht mehr mit. Wie bloß soll man dann in der Unmasse von Felsen einen bestimmten lokalisieren, wo noch dazu ein Stein dem anderen gleicht? Der alte Mann sieht da keine Schwierigkeiten. Für ihn haben die Steine Gesichter. Unverwechselbare.

10 Ein Echsenkopf ist das Ziel. Mit einem Hals voller Male. Eben diese ominösen Zeichen,
11 die der alte Mann gestern angedeutet hat. Anneliese Peschlow und ihr Assistent steigen

Oben: Seltsame Zeichen am Hals des Felstiers. **Mitte:** Anneliese Peschlow vor einem gerade entdeckten Felsbild. An ihrer Seite Harald Hauptmann, bis 2001 Direktor des Deutschen Archäologischen Instituts in Istanbul. **Unten:** Als hätte da einer in Stein seine Vorstellung von schöner Wohnen verewigt: »Kommode« mit Spiegelaufsatz, Bogenfenster unter Geweihen und moderne Sessel.

Die Zinnen des Latmos'. Schroff hebt sich dieses Gebirge von der lieblichen Küstenlandschaft im Südwesten der Türkei ab.

schweigend bis auf etwa 1000 Meter an und queren auf dieser Höhe die Bergflanke. Ein kühler Nordost pfeift ihnen entgegen, als sie auf der Rückseite besagtes Gebiet erreichen. Die Archäologin zieht ihre Windjacke enger und wappnet sich gegen eine Enttäuschung. Zu oft sind sie ausgeschickt worden, um dann vor Werken der Natur zu stehen. Zum Beispiel zaubert Kalk, von steten Tropfen aufgetragen, die schönsten Blumen auf eine Felswand. Da sieht Anneliese Peschlow den Kopf. Eher der eines Dinosauriers als der einer Echse, schaut er sie aus großem Auge an. Mit einem Sprühfläschchen geht sie ihm an die Kehle. Obwohl sie nach Wasser lechzt, wird erst der Fels besprengt. Die Nässe frischt Verblaßtes auf. Und da treten sie auch schon hervor, die Zeichen ohne Farbe. In der Mitte ein Gebilde, das einer Kommode mit Spiegelaufsatz gleicht. Rechts und links Bogenfenster mit Geweihen darüber und futuristischen Sitzmöbeln darunter. Doch mitnichten die Innenansicht einer Urbauernstube, die Anneliese Peschlow in ihrer Höhlenbildersammlung noch fehlt.

»Siehst du, was ich sehe?«, flüstert sie aufgeregt.

Murat hat es die Sprache verschlagen.

»Was sagst du dazu?«, insistiert sie.

»Hieroglyphen«, haucht Murat. »Hethitische.«

Herodot hatte keine Ahnung. Der Begründer der Geschichtsschreibung bekam im 5. Jahrhundert v. Chr. die Bilderschrift zu Gesicht. Jene Hieroglyphen überziehen einen Fels am Karabel-Paß in der Nähe von Izmir, zu seiner Zeit Smyrna. Der Kenner der Vergangenheit stufte die Zeichen als ägyptische ein. Eigentlich hätte er den Unterschied erkennen müssen, denn für sein Buch »Historien« bereiste er auch das Land der Pharaonen. Der alte Grieche verfolgte die Absicht, noch ältere Kulturen aus der Versenkung zu holen. »Die vor Zeiten groß waren, von denen sind die meisten klein geworden; und die groß sind zu meiner Zeit, waren früher klein. Und da ich nun weiß, daß der Menschen Glück nie stille steht, werde ich beider gedenken in gleicher Weise.« Das tut er auch ausführlich in einem neunbändigen Werk – nur fehlen darin die Hethiter. Dabei hatten diese gerade mal 200 Jahre vor seiner Zeit ein kolossales Finale hingelegt.

Nur die Bibel überlieferte ihren Namen. Meist stehen sie da unter »ferner liefen«, wenn Stämme in die Flucht geschlagen werden. Wie beispielsweise in Josua 3,10: »Dabei sollt ihr merken, daß ein lebendiger Gott unter euch ist und daß er vor euch austreiben wird die Kanaaniter, Hethiter, Heviter, Pheresiter, Girgasiter, Amoriter und Jebusiter.« Daß sie doch nicht ein Volk unter vielen waren, klingt im zweiten Buch der Könige an (7,6): »Denn der Herr hatte die Syrer hören lassen ein Geschrei von Rossen, Wagen und großer Heereskraft, daß sie untereinander

Ein Löwentor kündigt Großes an.

Links: Wer sich solch monumentale Befestigungen leisten konnte, muß ziemlich mächtig gewesen sein. **Rechts:** Das Vehikel bleibt das gleiche. Wie vor 3500 Jahren erreicht man auch heutzutage mit einem PS die Hauptstadt der Hethiter.

sprachen: Siehe, der König Israels hat wider uns gedingt die Könige der Hethiter und die Könige der Ägypter, daß sie über uns kommen sollen.« Der alttestamentarische Chronist stellt da die Hethiter an die Seite der Großmacht vom Nil.

Um ja nicht in Vergessenheit zu geraten, taten die Pharaonen alles. Pyramiden, Gräber in Gold und die fabelhafte Sphinx sicherten ihnen Aufmerksamkeit durch die Jahrtausende. Auch die Hethiter bauten für die Ewigkeit – das aber fern der Öffentlichkeit. Selbst nach ihrem Untergang konnten sich Tempel und Skulpturen sehen lassen – wenn sie nur einer gesehen hätte! Auch als im Mittelalter der Run auf den Orient einsetzte und das Durchgangsland Kleinasien überlaufen war, blieben die städtebaulichen Kostbarkeiten unentdeckt. Nach Nordanatolien oder ins wilde Taurus-Gebirge verschlug es keinen der Kreuz- und Glücksritter.

Ein Nachfahr der fränkischen Gotteskrieger macht sich 1834 in die Türkei auf, um dort nach seinen Uraltvordern zu forschen. Der Franzose Charles-Felix-Marie Texier ist auf der Suche nach Tavium, der alten Hauptstadt der Galater. Genau 2070 Jahre zuvor warb Pergamons König Tausende von Söldnern aus Gallien an, die sich nach getanem Kampf in Kleinasien niederließen. Galater hießen die Gallier auf Altgriechisch, und zu ihrer neuer Heimat ist der Archäologe nun unterwegs, »die sich aller Wahrscheinlichkeit nach am Ufer des alten Halys in einem fruchtbaren Lande befunden haben mußte.« Der Name des Flusses hat sich passend zur Wasserfarbe geändert. Doch die Fluten des einst »Kupfernen« und nun »Roten« strömen wie eh und je in weitem Bogen durch den Norden Anatoliens und dann ins Schwarze Meer.

Flußaufwärts, flußabwärts sucht Texier die Ufer des Kizil Irmak ab, und als seine Hoffnungslosigkeit am größten ist, schickt ihn ein Bauer ins Hinterland. Beim Bazarflecken Boghazköy erkennt er gewaltige Mauern und steht bald wie der Ochs vor dem Löwentor.

Diese Monumente sind gewiß nicht keltisch, ihm fällt aber dazu auch keine andere der alten Hochkulturen ein. »Hier war kein Bau irgendeiner Epoche einzuordnen, dieser großartige und eigenartige Charakter der Ruinen brachte mich in außerordentliche Verlegenheit, als ich versuchte, der Stadt ihren historischen Namen zu geben.«

Sein Staunen hat kein Ende. Der Dorflehrer drängt ihn zu einer Schlucht, die sie Yazilikaya nennen. »Beschriebener Fels« ist schwer untertrieben. Neben den Hieroglyphen reihen sich seltsame Figuren, halbplastisch und mannshoch aus dem Stein geschlagen. Auf der einen Wand paradieren Kämpfer im Gänsemarsch, befremdlich ausstaffiert mit Rock und hohen Hüten. Auf einer anderen schreitet eine Abteilung Frauen machtvoll voran. Ihre Röcke sind länger und die Hüte noch bizarrer. Fabeltiere flankieren die Prozessionen und bewachen die gigantische Open-Air-Galerie. Welchem Volk bloß gehörten die Künstler an, die diese hinreißenden Reliefs geschaffen haben? Und wer baute die Wahnsinnsmauern, die ohne Vergleich im kleinasiatischen Raum sind? Texier steht vor einem Rätsel.

Kurz bevor er Frankreich verließ, hat sein Landsmann Champollion die ägyptischen Hieroglyphen entziffert. Die Pharaonen kommen zu Wort und berichten unter anderem von Krieg und Frieden mit dem Volk der Ht'. Heta machen daraus die Sprachforscher, weil ihnen die altem Ägypter in puncto Vokale freie Wahl lassen. Die Schreiber am Nil malten nur Konsonanten.

Die Keilschrift der Babylonier wird 1857 geknackt, und so können Kenner bald das Akkadische lesen, die Diplomatensprache des Alten Orients. Zugänglich werden so die Reichsakten der Assyrer, die immer wieder ein Land Hatti erwähnen, das selbst den Soldatenstaat das Fürchten lehrt.

Hattusas Oberstadt im Mauerkranz.

Auf Akkadisch ist auch die umfangreiche Korrespondenz abgefaßt, die man 1888 im ägyptischen Tell-el-Amarna entdeckt, das Staatsarchiv von Amenophis IV., der eine neue Religion stiftete und sich in Echnaton umtaufte. Zur Thronbesteigung gratuliert ihm ein König Suppiluliuma, und das nicht gerade untertänig. Sein Reich scheint ziemlich mächtig gewesen zu sein und irgendwo in Kleinasien gelegen zu haben. Aus zwei Schreiben in den Stapeln von Tontafeln wird man allerdings nicht schlau. Die Keilschrift gibt da eine fremde Sprache wieder, und nur die Namen im Briefkopf kriegt man heraus: Die Briefe sind an Tarchundaras, König von Arzawa, gerichtet.

Mitten in der Stadt eine Felswand voll unbekannter Schriftzeichen.

Für diese mysteriöse Sprache springt Hugo Winckler über seinen Schatten. Der Orientalist hat sich geschworen, nie wieder einen Fuß in den Orient zu setzen. Die Morgenländer gefallen ihm nicht, und alte Schriften studiert er gemütlicher in Sachsen. Da braucht es schon einen besonderen Köder, ihn nach Anatolien zu locken. Theodoros Makridi, zu dieser Zeit Museumsdirektor in Konstantinopel, schafft das schier Unmögliche. Dem Griechen sind Schrifttafeln aus Boghazköy zugetragen worden, und er bittet Winckler um Dekodierung. Zum Lesen muß der Altphilologe schon an den Bosporus kommen, denn die schweren Schriftwerke lassen sich nun mal nicht verschicken. Der Sprachwissenschaftler beißt an und macht sich auf die Reise. Die tagelange Zugfahrt hat sich aber gelohnt, denn er erkennt auf den Fragmenten das Idiom der Arzawa-Briefe. Für den Rest der Texte fährt er glatt weiter, sogar bis hin ins hinterste Anatolien.

Zum Graben braucht es immer die Genehmigung des betreffenden Landes, und das ist zu Beginn des 20. Jahrhunderts immer noch das Osmanische Reich. Gegen die englischen Archäologen, die seit langem auf Boghazköy spekulieren, scheint ein Sprachforscher kaum eine Chance zu haben. Aber Sultan Abd-ul-Hamid kann besser mit Kaiser Wilhelm II. als mit Königin Viktoria. Außerdem haben die Deutschen der Türkei gerade eine Eisenbahn spendiert, und da kann man sich jetzt revanchieren. Hugo Winckler ist noch in Konstantinopel, als er im Herbst 1905 überraschend die Erlaubnis erhält. Hals und Kopf besteigt er die geschenkte Bahn mit Makridi im Schlepptau. Nichts hat er für eine Grabung eingepackt und will nun die nötigen Schaufeln in Ankara kaufen. In diesem Dorf, lange noch nicht Hauptstadt, können sie jedoch gerade mal Pferde erwerben. Das Team müht sich am 15. Oktober in die Sättel und zuckelt gen Boghazköy. Für Ritt und Grabung ist es eigentlich viel zu spät, weil in diesen Breiten und Höhen der Winter schon begonnen hat. Für Winckler wird alles so schrecklich, wie er es immer wußte. Die Eingeborenen nerven ihn, er friert – und fühlt sich nicht besser im warmen Bett, weil ihn da das Ungeziefer auffrißt.

Die Lese macht das Leid wett. Wie Kartoffeln werden am Hang über Boghazköy die Tontafeln aus der angefrorenen Erde gehackt. Ein Archäologe würde sich angesichts Wincklers Vorgehensweise mit Schrecken wenden. Statt Schichten interessieren den Sprachforscher allein Schriften. Er hat nur Augen für die geistigen Werke und nimmt von der grandiosen Architektur kaum Notiz. Die Dokumentation der Grabung übernimmt Makridi – so behauptet der Grieche jedenfalls vollmundig. Auf der hektischen Suche nach dem Wörterschatz werden überall auf dem Gelände die Ruinen angegraben. Wahre Berge beschriebener Scherben werden auf dem Hügel Büyükkale geborgen. Nach weiteren Kampagnen 1906/07 und 1911/12 – immer mit dem geschäftigen Makridi im Gefolge – wird die Textsammlung auf über 10 000 Teile von Tontafeln anwachsen.

Winckler rauft sich dennoch die schütteren Haare. Der Sprachwissenschaftler ist mit seiner Weisheit am Ende, weil er die Keilzeichen zwar lesen, aber nicht verstehen kann. So wie es einem Deutschen, der nicht Türkisch gelernt hat, mit einer Istanbuler Zeitung ergeht. Der Spezialist für altsemitische Sprachen wird nicht schlau aus dieser fremden, die mit der bereits entzifferten Silbenschrift der Babylonier zu Ton gebracht wurde. Dank der Diplomatenpost, die auf Akkadisch abgefaßt ist, kann er immerhin die Empfänger und ihren Wohnort benennen. Eine der irdenen Noten gibt den Friedensvertrag zwischen Ägypten und einem Land Hatti wieder. Die Unterzeichner sind Ramses II. und ein gewisser Hattusili, seines Zeichens Großkönig. Und wo dieser Herrscher so wichtige Akten deponierte, resümiert der grabende Philologe, muß sein Regierungssitz gewesen sein. Daß diese Hauptstadt Hattusa hieß, findet dann aber ein anderer heraus.

Monumental wie die Stadtmauern ist auch Hattusas Kunst. Felsreliefs in der Schlucht von Yazilikaya.

Im Mai 1933 sucht Kurt Bittel, der gerade mit neuen Forschungen in Boghazköy begonnen hat, seinen Vorgräber Theodoros Makridi in Athen auf. Er bittet ihn um die Aufzeichnungen und Grabungstagebücher aus den Kampagnen 1906/07 und 1911/12, um im Ruinenwirrwarr besser durchzublicken. Der Grieche hält ihn hin, bis sich schließlich herausstellt, daß er je weder Pläne gezeichnet noch Funde verzeichnet hat. Kurt Bittel muß völlig von vorn anfangen.

(STERN)STUNDE DER SPRACHGELEHRTEN

Noch fehlen Hatti die Worte. Vielleicht hätte Winckler die Hethiter zum Sprechen gebracht, wäre zwischen all den Texttafeln nur eine Bilingue aufgetaucht. Der Traum eines jeden Sprachwissenschaftlers: eine zweisprachige Inschrift, bei der eine der Sprachen bekannt ist. So wie auf dem Stein von Rosette, wo neben der altägyptischen Bilderschrift der gleiche Text auch im neuägyptischen Demotisch und in Altgriechisch abgefaßt ist. Mit Hilfe des Griechischen konnte Champollion die Hieroglyphen entziffern.

Winckler hätte auch ohne Bilingue hinter das Geheimnis der hethitischen Sprache kommen können. Ein Denkfehler stand der Entzifferung im Weg. Da Hattis Texte in Keilschrift abgefaßt sind, dachte der Orientalist zwangsläufig an die Sprachfamilie des Babylonischen. Zu dieser hamito-semitischen Sprachgruppe gehören weiter Ägyptisch, Sumerisch, Assyrisch, Hebräisch und Phönizisch. Die andere große Sprachgruppe ist die indogermanische, besser indoeuropäische. Der englische Richter William Jones kam im 18. Jahrhundert in Indien darauf, daß Sanskrit und seine Muttersprache verwandt sind. Zu dieser Sprachgruppe zählen alle europäischen Sprachen bis auf Baskisch, das eine beispiellose Sprache ist. Finnisch und Ungarisch gehören zum uralischen Idiom. Indogermanisch sind weiter im Osten noch Armenisch, Persisch und Sanskrit. Den indoeuropäischen Sprachen ist eine bestimmte Grammatik eigen, und Grundbegriffe lauten ähnlich. So heißt Vater auf englisch »father«, gotisch »fadar«, französisch »père«, spanisch »padre«, lateinisch »pater«, griechisch »patéras« und in Sanskrit »pita«.

Die hethitischen Tontafeln konnte am ehesten ein Querdenker enträtseln. Einer wie Friedrich Hrozny, der als Tscheche 1879 in Polen geboren wurde und 1906 seine erste Professur in Wien erhielt. Einer schnellen Dekodierung standen eigentlich Beruf und Einberufung entgegen. Hrozny war Assyriologe, und als er die Tafeln 1914 in Konstantinopel in Augenschein nehmen wollte, brach der Erste Weltkrieg aus. Gezwungenermaßen muß er zu den Soldaten, rückt aber mit den Abschriften der Tafeln ein. Er fand einen verständnisvollen Oberst und damit die Zeit, über den hethitischen Texten zu brüten. Sein vorläufiger Bericht, »Lösung des hethitischen Problems«, der schon 1915 erscheint, ist diesem Vorgesetzten gewidmet.

Da sitzt er also in der Kaserne und liest. Texte, die er nicht versteht, aber laut vor sich hinbetet. Ein Wort taucht immer wieder auf, allerdings in sich abgewandelt. »Iyami« findet er und »iyasi«. Dann »igazi«, »iyaueni«, »iyaetteni« und »iyaanzu«. Wäre es zu diesem

Oben: Text mit sieben Siegeln für Winckler. Er konnte die Keilschrift lesen, das Geschriebene aber nicht verstehen. Die Keile gaben eine völlig unbekannte Sprache wieder. **Unten:** Die Bekanntgabe einer Sensation, 1915: Hrozny findet die Sprache der Hethiter heraus.

thesen führen. Sie haben ihren Zweck vollkommen erfüllt, wenn sie dazu dienen, dem Leser die Tragweite der Hroznýschen Entdeckung lebendig ins Bewußtsein zu führen.

3. Die Lösung des hethitischen Problems.

Ein vorläufiger Bericht
von Dr. Friedrich Hrozný,
Professor für semitische Sprachen an der Universität Wien[2]).

Das neunzehnte Jahrhundert hat der Wissenschaft vom Alten Orient den reichsten Gewinn gebracht. War

[1]) M. Burchardt in der Zeitschr. f. ägypt. Sprache 50, 61 ff. (ein Auszug auch in der Praehist. Zeitschr. IV. 233).

[2]) Im Folgenden gebe ich mit einigen durch den veränderten Zweck bedingten Kürzungen und Änderungen die Einleitung meiner zum Teil bereits im Druck befindlichen Arbeit „Die Sprache der Hethiter. Ihr Bau und ihre Zugehörigkeit zu dem indogermanischen Sprachstamm. Ein Entzifferungsversuch." Von dieser Arbeit, die meine Entzifferung des Hethitischen enthält,

Stein von Rosette. Stein der Weisen für Champollion, weil er dank dieses Obelisks die ägyptischen Hieroglyphen entzifferte. Neben der Bilderschrift befinden sich zwei weitere Inschriften auf der Säule. In neuägyptischem Demotisch und Altgriechisch, keine unbekannten Sprachen zu Champollions Zeiten.

Zeitpunkt nicht völlig abwegig, würde er es als Konjugation bezeichnen. Aber nur Indoeuropäer beugen ihre Verben, das heißt das Zeitwort paßt sich den Pronomen an. Bei den Hamito-Semiten kommen bei den Flexionen feste Vor- und Nachsilben zum Einsatz. Hrozny liest wieder und wieder die Keile und nimmt schließlich die unbekannte Sprache beim Laut. Im November 1915 rückt er mit der Sensation heraus: Die Hethiter hatten die älteste der indogermanischen Sprachen. Sie »ezzan« ihr Brot und trinken »wadar«. »Iyami« stellt sich als die erste Person von »machen« heraus. Und weil sie ihre Sätze so gern mit »nu« beginnen, sahen verstiegene Forscher in ihnen schon die Ursachsen. Das wenigstens hätte Winckler gefreut, der die Entzifferung nicht mehr erlebte.

Würde man Deutsch in arabischen Lettern schreiben, hätte man das hethitische Phänomen: eine indoeuropäische Sprache in der Schrift einer hamito-semitischen. Hatti hatte aber noch seine ureigenen Hieroglyphen, die sich an exponierten Stellen zeigen. Wie am Nisantepe im Zentrum Hattusas, wo die Bildzeichen einen Riesenfelsen überziehen. Bis zu deren Entzifferung sollten aber noch 75 Jahre vergehen.

Die Sprachwissenschaftler haben genug damit zu tun, Hattis gesammelte Werke in Keilschrift zu lesen. Die Hethiter waren sehr mitteilsam. Geradezu geschwätzig, meinen einige Forscher. Wichtiges und Nebensächliches wird festgehalten, und sie sind Meister der Wiederholung. Gesetzestexte und Staatsverträge, notarielle Akten und Dokumente, Inventarlisten und Buchhaltung, Litaneien und Gebete, private Aufzeichnungen und Notizen – alles in Ton und versiegelt mit dem Stempel des Verfassers oder Urhebers. Die vielen Schreiben verlangen Siegel zuhauf. Tonscheiben, in die vor dem Brennen der persönliche Stempel mit Namen, Herkunft und Titel eingedrückt wurde. Gewichtige Schriftstücke sind durch Bullen beglaubigt, ein beidseitig geprägtes Siegel, das mit einer Schnur an der Urkunde befestigt wurde. Hattis Könige werden so präsent samt Ehefrauen, die auch wie wild korrespondierten. So läßt sich Puduhepa das Neueste in Sachen Rituale aus dem Süden Kleinasiens schicken. Ihr Vater ist Oberpriester im Bundesland Kizzuwadna.

Ins Gebet genommen werden die Althistoriker, ob der Fehler in der Frühgeschichte. Die Hethiter korrigieren nun die Klitterungen.

EIN PHARAO LÜGT WIE HIEROGLYPHT

Ramses II. atmet auf. Die Verräter kommen wie gerufen. Einen Horror hatte er vor dieser Schlacht, weil der Gegner nicht ohne ist. Muwattalli II., Großkönig der Hethiter, gebietet immerhin über ganz Kleinasien. Jetzt ist er in ägyptisches Interessengebiet eingedrungen und setzt seinen Vormarsch nach Süden fort. Der Pharao muß ihn unbedingt in seine Grenzen zurückweisen, will er nicht Ruf und Syrien verlieren.

Die Aufgabe ist schwierig. An die 40 000 Soldaten ziehen ihm entgegen, und das sind doppelt so viele, wie er mobilisiert hat. Sicher fährt Muwattalli dazu noch seine Geheimwaffe auf: 2500 superwendige Streitwagen. Mit zwei Kämpfern und Lenker sind sie dem Ein-Mann-Sulky Ägyptens weit überlegen. Auch träumt man am Nil noch von Speichenrädern, die Hattis neuen Modellen schon unglaubliche Geschwindigkeit verleihen.

Aber das beunruhigt Ramses nicht länger. Zwei Deserteure aus dem feindlichen Heer haben ihm geflüstert, was später die ägyptischen Hieroglyphen in Abu Simbel plakatieren: »Wir wollen von dem Elenden in Hatti weglaufen. Der Elende von Hatti hat sich im Lande Aleppo niedergelassen. Er hat Furcht vor dem Pharao und will nicht nach Süden kommen.« Aleppo liegt in Nordsyrien und somit weit weg von Kadesch, wo Ramses mit seiner Vorhut gerade lagert. Vor Erleichterung könnte er Bäume ausreißen, und weil es in der Grassteppe keine gibt, reißt er selber aus. Er schwingt sich in seinen Streitwagen Marke Sieg-in-Theben und prescht ausgelassen davon. Ob er da juchzte, ist nicht überliefert.

Sein Jammer aber wird verewigt. Zu spät bemerkt er den Staubpilz, der riesig aus der Ebene wächst. Und muß die Kriegslist erkennen, der er aufgesessen ist. »Als der König dann hinter sich blickte, merkte er, daß ihn 2500 Gespanne auf seinem Auswege umzingelten mit allerlei Kämpfern des elenden Hatti-Landes und der vielen ihm verbundenen Länder. Sie standen zu dreien auf einem Gespann und hatten sich vereinigt.« Die Verräter waren gar keine und haben ihn in die Falle gelockt.

Ramses hadert mit seinem Gott. »Was ist nun, mein Vater Amon? Was sind diese Asiaten für dich? Habe ich dir nicht sehr viele Denkmäler gemacht? Und deinen Tempel mit deinen Gefangenen gefüllt? Ich rufe zu dir, mein Vater Amon. Ich bin ganz allein und kein anderer ist mit mir. Meine Soldaten haben mich verlassen, und keiner von meinen Wagenkämpfern hat sich nach mir umgesehen.«

Durch ein Wunder kommt er mit dem Leben davon. Aber nicht Gott, sondern eine seiner Elitetruppen holt den Pharao aus dem Hexenkessel. An diesem neunten Tag des dritten Sommermonats im Jahr 1275 v. Chr. wird Hatti unangefochtene Supermacht der Alten Welt. Der Nachwelt stellt Ramses

Oben: Ramses II. Der Größte aller Pharaos wird in der Schlacht von Kadesch von den Hethitern besiegt. Unten: Wunschbild eines Pharaos? Die Darstellung eines toten Hethiters in den Schlacht(auf)zeichnungen Ramses' II.

Oben: Die hethitische Geheimwaffe: der schnelle Streitwagen, der die Ägypter das Fürchten lehrte. (Relief in Sinjirli aus dem 9. Jahrhundert v. Chr.)
Unten: Hethiter aus ägyptischer Sicht. Detail aus dem Schlachtrelief Ramses' II.

seine Rettung und den Ausgang der Schlacht von Kadesch ganz anders dar: »Ich habe mein Herz wiedergefunden, mein Herz schwillt vor Freude, was ich tun will, geschieht. Ich schieße nach rechts und kämpfe nach links. Ich merke, daß die 2500 Gespanne, in deren Mitte ich war, zu Stücken gehauen vor meinen Rossen liegen. Keiner von ihnen hat seine Hand gefunden, um zu kämpfen. Ihre Herzen sind matt vor Furcht in ihrem Leibe, und alle Arme sind schwach geworden. Sie können nicht schießen und haben nicht das Herz, ihre Speere zu nehmen. Sie stürzen einer über den andern, und ich töte unter ihnen, wenn ich will.«

Warum aber drücken die Hethiter dem Friedensvertrag ihren Stempel auf, wenn Ramses der glorreiche Sieger ist? Dank der hethitischen Berichterstatter dämmert es den Historikern, daß der Pharao mächtig die Geschichte verfälscht hat. Aber daheim am Nil mußte er ewig Held sein, sonst hätte er einpacken können. Und weil seine Kriegsgegner nicht widersprachen, hielt sich die Mär vom siegreichen Pharao bis in die Neuzeit.

Wort für Wort offenbaren sich die Hethiter. Und dank des Schrifttafelbergs aus Boghazköy können sie eine Menge von sich preisgeben. Sie schreiben, was Sache war und wie sie sich Götter und eine bessere Welt vorstellen. Dem Sprachforscher eröffnen sich ihre Gedankengebäude. Doch wie haben sie gewohnt und wie hat ihre Hauptstadt Hattusa ausgesehen? Jetzt sind die Archäologen gefragt.

DIE HETHITER KOMMEN GROSS HERAUS

Ein Schwabe folgt 1931 dem Sachsen nach. Seit Wincklers Wortschatzsuche hat sich in Boghazköy nichts geändert, wohl aber in der Türkei. Kemal Atatürk, der »Vater der Türken«, will einen modernen Staat aus dem Osmanischen Reich machen. Schon hat er das Sultanat abgeschafft und den Kalifen in die Wüste geschickt. Der oberste Würdenträger des Islam, der bis 1924 in Konstantinopel residierte, muß nach Arabien umziehen. Mit Macht richtet Atatürk sein Land nach Westen aus. Neben vielen Neuerungen wird Türkisch nicht weiter in arabischen, sondern in lateinischen Lettern geschrieben.

Reisen ins anatolische Hinterland bleiben aber nach wie vor ein Abenteuer. Kurt Bittel sucht es geradezu. Er will in die Welt hinaus und nach den Überresten der Alten Welt suchen. Da trifft es sich gut, daß dem angehenden Archäologen eine Exkursion rund ums östliche Mittelmeer per Stipendium gestiftet wird. Einmal losgelassen, ist der 24jährige erst in Ägypten und dann in Kleinasien Hänsle Dampf in allen Gassen. Selbst sieht sich der Mann von der Schwäbischen Alb wohl anders, was sich in seiner Beschreibung eines anderen Württembergers zeigt: »Er besaß aber auch jene gehemmte scheue Zurückhaltung, welche die Angehörigen dieses Landes oft gegenüber den Menschen der übrigen deutschen Stämme scheinbar etwas ins Hintertreffen geraten läßt.«

Bevor sich Bittel einen Namen macht, heißt er erst einmal »Mösyö Berta«. Die Nachnamen hat man zwar in der Türkei gerade eingeführt, man weist sich aber weiter mit dem eigenen Vornamen und denen seiner Eltern aus. Bittel erhält eine Aufenthaltsgenehmigung nach altem Muster. Und weil dem Beamten von allen Vornamen der von Bittels Mutter am besten gefällt, wird der Archäologe zu »Mösyö Berta«.

Bittel-Berta kommt zur rechten Zeit an den Bosporus. In Istanbul ist gerade eine Dependance des Deutschen Archäologischen Instituts gegründet worden, und der Direktor erwägt neue Grabungen in der Türkei. Favorit ist natürlich Troja, aber da dürfen später die Amerikaner schürfen. Bittel plädiert für Hattusa: »Boghazköy, die Hauptstadt der Hethiter, erschien gegenüber den Zeiten Wincklers in ganz anderem Lichte, weil durch die Entzifferung der hethitischen Texte durch Hrozny die hethitische Kultur im Rahmen der altorientalischen und der alteuropäischen sehr wesentlich an Bedeutung gewonnen hatte, der auch die Archäologie in ihren Forschungszielen Rechnung zu tragen hatte.«

Umgehend wird er nach Osten geschickt, um die Stätte in Augenschein zu nehmen. »Auf zum Teil beschwerlichen Wegen, die kaum diese Bezeichnung verdienen und im wesentlichen nur aus einer durch Befahren entstandenen Spur bestanden, erreichten wir die alte hethitische Hauptstadt.« Quartier nimmt er im herrschaftlichen Haus des Zita Bey, wo Winckler schon genächtigt hatte. Wie der Vorgräber, so schlägt sich auch Bittel mit dem Ungeziefer herum.

Müde und ratlos reibt sich Bittel am nächsten Morgen die Augen. Wo bloß soll er den Spaten ansetzen in diesem riesigen Stadtgebiet, das sich über zwei Quadratkilometer erstreckt? Versuchsgrabungen kann er sich nicht erlauben, weil er kaum Geld zu Verfügung hat. Privatleute finanzieren ihn, weil Deutschland sich in einer Wirtschaftskrise befindet. Wieder hält er sich an Winckler und strebt zum Büyükkale, weil auf diesem Hügel die meisten der Tontafeln gefunden wurden. Und für Bittel steht fest: Wo Archiv, da auch

Palast. Er kann sich gegen den Leiter des Deutschen Archäologischen Instituts durchsetzen, wie er später stolz notiert: »Herr Schede war zunächst nicht ganz meiner Auffassung, hätte es vielmehr gerne gesehen, wenn eines der großen monumentalen Bauwerke, sei es der Tempelpalast in der nördlichen Unterstadt, sei es eine der großen Anlagen in der Oberstadt, untersucht worden wäre. Ich entgegnete, daß wir auf diese Weise zwar Aussicht hätten, einzelne Architekturwerke bis zu den letzten Möglichkeiten kennen zu lernen, daß es aber so gut wie ausgeschlossen sei, auf diese Weise einen Überblick über die verschiedenen Besiedlungsperioden der Stadt zu gewinnen und so zugleich zur Datierung der verschiedenen Besiedlungsphasen zu gelangen.«

Später wird er sich doch dem Tempelpalast zuwenden, konzentriert sich aber jetzt auf den weltlichen. Am Ende der kurzen Kampagne hat er erste Grundmauern auf dem Büyükkale freigelegt. Obwohl Winckler den Hügel ausgeweidet hatte, findet Bittel hier 300 Fragmente von Schrifttafeln. 1932 wächst die Ausbeute um weitere 800 Teile der tönernen Schreiben an. Im nächsten Jahr setzt er die Arbeiten auf dem Büyükkale fort, verfolgt die Burgmauern und findet weitere 5500 Fragmente von Tontafeln – und noch viel mehr: »In helle Aufregung aber wurden wir am 22. August versetzt, als im Raume 5 des großen Gebäudes ein gebrannter Tonkegel erschien, den Schnur-Löchern nach sichtlich eine Bulle, auf dessen Oberfläche der Abdruck eines Siegels in Keil- und Bilderschriftlegende erhalten war.« Bittel hat die lang ersehnte Bilingue gefunden! Auf so eine Übersetzungshilfe haben die Hethitologen händeringend gewartet, um

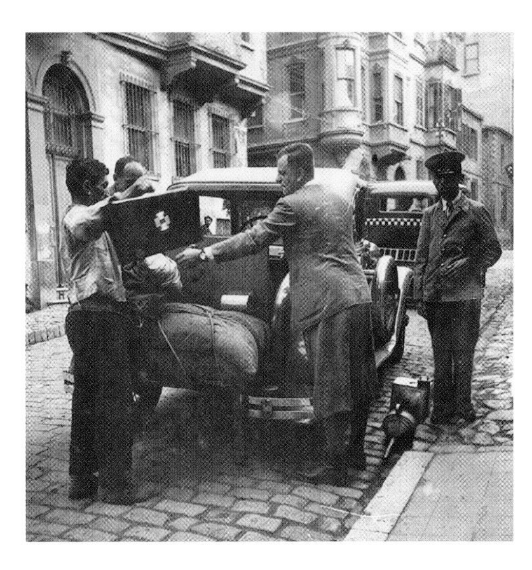

Links: Mösyö Berta im Grabungscamp in Hattusa. **Mitte:** Das Auto wird auf dem Seeweg transportiert, weil die Straßen über Land kaum mehr als Pisten sind. **Rechts:** Mit Sack, Pack und Auto wird die Reise von Istanbul nach Inneranatolien angetreten.

mit der Entzifferung der Hieroglyphen voranzukommen. Güterbock, der Keilschriftexperte vor Ort, will sofort lesen, und so wagt man eine Schnellreinigung: »Wir konnten es uns nicht versagen, denn alle erfüllte eine viel zu große Spannung, die Reinigung unter dem Zusatz eines etwas schärferen Mittels, dessen wir uns sonst niemals bedienten, vorzunehmen. Wir legten es daher in eine leichte Salzsäurelösung, und es wird mir immer unvergeßlich sein, wie die Siegelbulle, von der kleine Blasen aufstiegen, in einem Becken inmitten unseres Hofes lag, wie wir alle im hellen Sonnenlicht umherstanden und gebannt auf unseren Fund starrten, dessen umhül-

Links: In Pferdekutschen durchquert man die anatolische Wüstenei.
Rechts: Gestrandet. Panne am Roten Fluß.

lende Schmutzschichten mehr und mehr fielen und bei dem immer deutlicher die Schriftzeichen hervortraten.«
Zufällig ist Helmuth Theodor Bossert, der sich seit längerem mit der Entzifferung der Hieroglyphen beschäftigt, zu Gast bei der Grabung. Bittel scheint den fast zwanzig Jahre älteren Kollegen nicht besonders zu mögen, denn wenn er von diesem »Pfälzer« schreibt, klingt das fast wie ein Schimpfwort. Klammheimliche Schadenfreude schwingt zwischen den Zeilen mit, als der Fachmann für Hieroglyphen versagt. Güterbock liest auf dem Königssiegel Urhitesup, Bossert aber Hattusili. Schon am nächsten Tag finden sie eine weitere der tönernen Visitenkarten, die zweifelsfrei Hattusili zuzuschreiben ist. Die Bilderzeichen sind aber völlig andere als auf dem ersten Siegel. »Hattusilis hieroglyphischer Name hatte demnach eine ganz andere Zusammensetzung, als Herr Bossert auf Grund seiner deduktiven Methode geschlossen hatte.« Doch zwölf Jahre später wird Bossert der ganz große Wurf gelingen.
Die Bilingue muß gefeiert werden, aber für Bittel sind Parties Prüfungen. Zwei Seelen hat auch er in seiner Brust, und in puncto Alkohol liegen der schwäbische Puritaner und der orientalische Genußmensch im Clinch. Er schätzt einen Drink und verachtet die Trinker. Über das Freudenfest berichtet er: »So blieb uns nichts anderes übrig, als aus dem benachbarten Dorf einige Flaschen des scharfen Dorf-Rakis kommen zu lassen, der zwar abscheulich schmeckte, aber doch, weil ungewohnt und von uns sonst gemieden, das Gefühl des Außergewöhnlichen aufkommen ließ. Wir sprachen ihm freilich in mäßigen Grenzen zu und hatten uns auch in diesem Zustande in keiner Weise unseres Betragens zu schämen.«
Das Maßvolle hat dem Schwaben sicher auch an Hattusas Palast gefallen. Das Domizil der hethitischen Könige ist nicht protzig, zeugt aber von gediegenem Wohlstand. Natürlich hebt sich der Wohnsitz der gekrönten Oberhäupter von anderen Bauten ab – und das nicht allein durch die Lage. Sie hatten den höchsten Buckel der Stadt – Büyükkale heißt er heute – in Beschlag genommen und residierten dort auf 37 500 Quadratmetern. Die Trakte, die sich um die Schloßhöfe gruppierten, differierten im Baustil, hatten aber die gleiche Bauweise. Auf dem Fundament aus sorgfältig behauenen Steinen erhob sich die Mauer aus luftgetrock-

neten Lehmziegeln, die ein hölzernes Fachwerk zusammenhielt. Das Dach auf den meist zweistöckigen Gebäuden war flach mit Balken gedeckt, die Lehm dicht machte. Außen brüsteten sich die Wände mit steinernen Löwen und waren auch innen nicht ohne: Die Archäologen entdekkten in den Sälen die Reste von Fresken. Mit weißer und schwarzer Farbe, Ocker, einem bräunlichen Rot und hellem Blau hatten hethitische Künstler die Zimmer ausgemalt. Nur die Götter wohnten schöner.

Obwohl rundherum steile Abhänge die Burg schützten, gingen ihre Bewohner auf Nummer sicher. Sie bestanden auf einer mächtigen Umfassungsmauer, die Bastionen in regelmäßigen Abständen noch verstärkten. Drei Tore enthielt sie, die sich nach Süden hin beachtlich öffneten. Mit Löwenstatuen als Posten war dieses Portal immer noch breit genug für die Staatskarossen. Um die Einfahrt zu erreichen, mußten die Wagen eine Brücke überqueren, die den natürlichen Burggraben überspannte. Weiter gab es einen Lieferanteneingang und ein Hintertürchen für den König, um hintenherum in seine Gemächer zu gelangen.

Hattis Hof umschloß drei Höfe. Hatte der Besucher das Südtor passiert und sich in der Parkbucht dahinter aus der Kutsche geschält, wies

Links: Auf beschwerlichen Wegen nähert man sich der hethitischen Hauptstadt.
Rechts: Ausgrabung auf dem Büyükkale in den dreißiger Jahren des letzten Jahrhunderts.

Links: In Loren wird die ausgehobene Erde abtransportiert. Mitte: Die Wagen in Boghazköy scheinen aus hethitischer Zeit zu stammen. Rechts: Güterbock, auf bittelisch Gitaborg, Keilschriftexperte und Rechte Hand Kurt Bittels.

ihm ein Läufer aus rötlichen Steinen den Weg zum ersten Hof. Sind auch alle Plätze und Gänge in der Burg meisterhaft geplättelt (darunter verbirgt sich eine geniale Kanalisation, um Regen- und Brauchwasser abzuleiten), haben sich die frühen Fliesenleger mit dem Empfangspflaster selbst übertroffen. Über die Vorform des roten Teppichs schritt der Gast in den ersten Hof, den Pfeilerhallen säumten. Wächter aus Fleisch und Blut standen hier Spalier neben den steiferen aus Stein. Im angrenzenden Gebäude logierte die königliche Garde, bestehend aus Leibwächtern, Bogenschützen, Nahkämpfern und Wagenlenkern.
Eine wahre Armee an Bediensteten tummelte sich gegenüber in der Schloßküche und den Speisekammerfluchten dahinter (H). Um das leibliche Wohl des Herrschers und seiner Entourage kümmerten sich Köche, Metzger, Brotbäcker, Weinleute, Mundschenke, Wasserträger und Servierer. Eine Schlüsselrolle hatte der Herr des Magazins inne. Sie alle waren nicht nur Diener des Königs, sondern auch ihres Staates. Der Hofstaat sprach ein gewichtiges Wort bei der Regierung des Reiches mit. Köche & Co. konnten gar den Großkönig ans Messer liefern.
Hort der Worte war wohl der nächste Hof. Skulpturen dräuten über dem Durchlaß, der zum Bereich der Priester und Schreiber führte. Der Bau in zweiter Reihe (C) scheint die Schloßkapelle gewesen zu sein, da die Archäologen im zentralen Wasserbecken ein paar Votivgefäße fanden. Fündiger wurden sie in Gebäude A, wo über 5000 Tontafelfragmente geborgen werden konnten. Die harten Akten beinhalten Annalen, Verträge, diplomatische Depeschen und Grußadressen an die Götter. Rätsel gaben zunächst Schildchen auf, die – klein und fein beschriftet – an Etiketten denken ließen. Was sie denn auch waren. Weil auch im Reichsarchiv alles seine Ordnung hatte, war jedes Regal mit einer Inhaltsangabe versehen. Da heißt es zum Beispiel: 32 Tafeln zum Purullija-Fest in der Stadt Nerikka. Oder: Berichte über die Großtaten Mursilis. Die Angaben führen den Hethitologen vor Augen, wieviel verlorengegangen ist.
Auf Kurzschriftliches stießen die Ausgräber auch im Untergeschoß des größten Gebäudes (D): Bullen, mit denen man in Hatti Landüberschreibungen zu besiegeln pflegte. Da sich hier diese Tonscheiben häuften, war wahrscheinlich im Parterre des quadratischen Baus eine Art Grundbuchamt untergebracht. Im Stock darüber boten die 32 mal 32 Meter reichlich

Platz für Völkerbälle. Was die Größe einer Turnhalle hat, war wohl für den Audienzmarathon des Königs gedacht. Hier hat er Recht und zu seinen Untertanen gesprochen. Und mit den Abgesandten anderer Länder auf gute Nachbarschaft angestoßen. Bier und Wein aus dem Schloßkeller wurden nicht nur den Göttern ausgeschenkt.

Für sich war der Herrscher im dritten Hof – sieht man mal von seiner Familie, Leibwächtern, Pagen, Barbieren, Kämmerern und Zofen ab. Wirkliches Refugium wird sein Büro nebst Bibliothek gewesen sein. In der hohen Halle (E) störte allenfalls das Kratzen des Griffels, wenn sein Sekretär ein Eilschreiben kerbte. In diesem Bau E hat Winckler die Unmenge an Schrifttafeln gefunden, die – als sie dann gelesen werden konnten – Kunde von kommunikationsfreudigen Vorzeiten gaben.

Gleich neben dem königlichen Privatbereich stolpert Kurt Bittel über zwei rätselhafte Löcher. Sie haben einen Durchmesser von zwei Metern und sind drei Meter tief in den Fels gemeißelt. Wegen der Faßform assoziiert Bittel Zisternen, um die Burg bei Belagerungen über Wasser zu halten. Daß sie Kostbareres als das Naß bargen, wird einer seiner Nachgräber herausfinden.

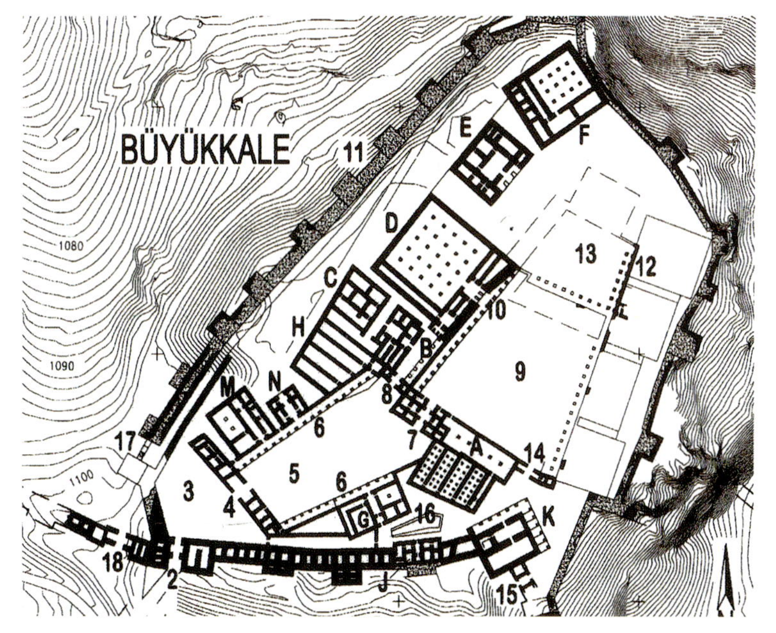

Oben: Plan der Burg auf dem Büyükkale. **Unten:** Das Zuhause der Großkönige. Ein Modell der Burg auf dem Büyükkale nach Peter Neve.

Den Zweiten Weltkrieg gerade hinter sich, resümiert Bittel als gebranntes Kind seine Forschungen in Hattusa: »Die Stadt ist in einer großen Katastrophe zugrunde gegangen. Wo immer wir den Spaten ansetzten, fanden wir untrügliche Zeichen einer verheerenden Feuersbrunst, die alles Brennbare verzehrt, Lehmziegel zu roter, harter oder schlackiger Masse durchglüht, Kalksteine gesprengt oder zersplittert hat. Manchmal gewann man den Eindruck, das in den Bauten zufällig Vorhandene hätte nicht zur Erzeugung solcher Flammen, solcher Hitze ausreichen können, als wären vielmehr noch brennbare Materialien absichtlich zugefügt worden, um die Gewalt des Feuers zu erhöhen. Einzelne lokale Schadenfeuer können unmöglich die Ursache einer solchen völligen Vernichtung gewesen sein. Hier war zweifellos menschlicher Wahn am Werke, dem nichts, kein Haus, kein Tempel, keine Hütte entging und der dort, wo das Feuer nicht selbst den Weg fand, alles beitrug, um das Werk des Untergangs zu vollenden. Wir Kinder einer unglücklichen Zeit können vielleicht ermessen, welchen Anblick diese große, brennende Stadt geboten haben muß. Aber das Verderben scheint nicht minder auch die Bewohner betroffen zu haben; denn nirgends fand sich die Spur eines auch noch so bescheidenen Wiederaufbauversuches an den hethitischen Bauwerken nach der Katastrophe. Die Bewohner sind also teils zugrunde gegangen, teils weggeschleppt worden, so daß über der zerstörten, verlassenen Hauptstadt die Stille des Todes lastete.«

Aber ein Feuer, und sei es noch so höllisch, kann nicht alles vernichten. Waffen zum Beispiel, die sicher zur Verteidigung der Stadt eingesetzt worden waren. Pfeilspitzen und Speere schmelzen nicht so einfach dahin, da die Bronze speziell gehärtet wurde. Laut Bittel wohnten vor dem Brand 20 000 Menschen in Hattusa. Wo blieb deren irdenes Hab und Gut? Die Tassen, Kannen, Schüsseln und Töpfe aus Tausenden von Haushalten? Das feine Geschirr der Hotels und das gröbere der Kasernen? Keramik löst sich nicht in den Flammen auf, sie wird allenfalls noch einmal gebrannt. So konservierte das Inferno die einzigen Funde: Siegel und Schrifttafeln. Auf den tönernen Inventarlisten können die Archäologen wenigstens nachlesen, was sich an Kostbarkeiten in den Tempeln stapelte: goldene Statuen, Opfergefäße vom Feinsten und Salbschalen aus Alabaster. Die Eroberer hätten alles weggeschleppt, ist Bittels lang maßgebliche Lehrmeinung. Mit dem Geistesgut wußten die Fremden nichts anzufangen, also wurden die Texte zurückgelassen.

Oben: Der Palast heute: Allein die Grundmauern und Bodenplatten zeugen von gediegener Wohnkultur. **Unten:** Baukunstwerk. Haargenau haben die Hethiter die Steine zugeschlagen.

DIE FRAU DES GRABUNGSHAUSES

Kurt Bittel hat etwas nicht aufgedeckt. Er, der all seine Entdeckungen offenlegte, die Mit- und Vorarbeiter schonungslos beschrieb, hält sich in einem Punkt sonderbar bedeckt: Seinen treuesten Helfer bei den Ausgrabungen in Hattusa verheimlicht er.

In seinen Reise- und Grabungsberichten erzählt Kurt Bittel, daß er sich eines Dezembers kurz entschlossen in den Orientexpreß Richtung Norden setzte, weil es in Istanbul nichts mehr zu tun gab. Er fuhr in seine Vaterstadt Heidenheim, »wo ich zum ersten Mal wieder das Weihnachtsfest in der Heimat beging und« – so fügt er lakonisch an – »mich am 6. Februar verheiratete«. Die frisch Angetraute, die er umgehend mit auf Dienstfahrt nimmt, hat in seinen Tagebüchern nur einen kleinen Auftritt als Seekranke: »Kaum hatten wir um 5 Uhr nachmittags des 15. Mai 1933 den Hafen von Alexandria verlassen, als wir uns inmitten einer sehr bewegten See befanden, die sich dem Schiff mitteilte und meiner Frau nicht geringe Beschwerden verursachte.« Auch er mußte auf der Überfahrt von Ägypten nach Griechenland »dem Poseidon tüchtig opfern«. Eine bessere Kabine hätte beiden in der Not geholfen, aber Kurt Bittel wollte den Aufpreis nicht zahlen, da jäh sein Stipendium kleiner geworden war: »Allerdings fehlte es uns auch an den Mitteln, vorteilhafter zu reisen, denn ich hatte vor kurzem eine erhebliche Summe dadurch eingebüßt, daß die Vereinigten Staaten den Kurs des Dollars plötzlich herabgesetzt hatten, was mich insofern berührte, als ich den Rest meines Stipendiums gerade in dieser Währung bei mir führte.«

Oben: Das Grabungscamp zu Bittels Zeiten. Mitte: Beschwerliches Lagerleben. Im Liegestuhl Bittels Ehefrau und treueste Mitarbeiterin. Unten: Ilse Bittel dokumentiert mit Photos die Grabung, verliert aber nicht das Umfeld aus der Linse: Kinder in Boghazköy.

Da hatte ihn Bittel senior in puncto Devisen wohl falsch beraten. Der Vater war Bankdirektor in Heidenheim, der Schwiegervater ein betuchter Fabrikdirektor im Nachbarstädtchen Giengen. Das junge Ehepaar mußte also nicht sparen, aber als echter Schwabe konnte Kurt Bittel nicht anders. Daß er sich über seine Frau so sparsam äußerte, hat allerdings nichts mit dem Nationalcharakter zu tun und steht im Widerspruch zu ihrem Einsatz.

Sie, die sich selbst als »meine Wenigkeit« bezeichnete, fügte sich in die Rolle der Schattengattin und leistete unbemerkt Erstaunliches. Wieviel sie zu seinem Erfolg beigetragen hat, erfährt man aus ihren Tagebüchern, die sich im Nachlaß der 1998 Verstorbenen fanden. In diesen Aufzeichnungen zeigt sich die gute und mutige Gefährtin. Eine Frau, die weiß, was er will. Die nicht unbedingt das Abenteuer suchte, aber eines nach dem anderen meisterte. Wo doch ihre Ehe mit Kurt Bittel ein einziges war.

Ungewöhnlich ist ihr Leben von Anfang an verlaufen. Geboren 1907 als Ilse Haehnle, wächst sie zu einer Zeit heran, die den Frauen nicht viel Freiheiten läßt. Ihr Vater, der in der Geburtskleinstadt die Filzfabriken leitet, ist bildungspolitisch ein Revolutionär und erkämpft für seine Tochter einen Gymnasiumsplatz. In der Oberrealschule Heidenheim sitzt sie neben dem gleichaltrigen Kurt Bittel, und die beiden sind schon da ein gutes Team. Als erste Frau des Landkreises wird sie 1926 zum Abitur zugelassen und besteht es mit den besten Noten ihres Jahrgangs. Waren Ilse und Kurt bis zur Reifeprüfung unzertrennlich, gehen sie nun für eine Weile eigene Wege. Sie wird vom Vater nach England, Amerika und Kanada geschickt, um da prak-

Links: Die Frau des Grabungshauses kümmert sich auch um die vierbeinigen Besucher. **Rechts:** Ilse Bittel zahlt die Arbeiter aus.

tisch Betriebswissenschaft zu lernen. Kurt bleibt im Lande und studiert in Marburg fleißig klassische Archäologie, Vor- und Frühgeschichte. Von 1930 bis 1932 ist er – ein Stipendium deckt seine Reisekosten – in den Traumländern aller Ausgräber unterwegs. Funde und erste Berufserfahrungen sammelt er in Ägypten, Griechenland, Bulgarien und der Türkei. Ilse und Kurt verlieren sich nicht aus den Augen. Sieben Jahre sind sie verlobt, da läßt sie endlich vom Westen ab und folgt ihrem Kurt in den Osten. Und das noch am gleichen Tag, der doch der schönste des Lebens sein soll. Tapfer vertraut sie ihrem Tagebuch an: »Nach der Hochzeit fahren wir abends mit dem Auto in Giengen ab. Ankunft in Augsburg gegen 11 Uhr nachts.« Weiter geht es nach München, und Ilse Bittel notiert dort am 9. Februar 1933: »Im Café am Dom gibt es guten Kaffee.« Nicht mehr allzu lang, denn seit 30. Januar ist Adolf Hitler Reichskanzler. Daß Deutschland auf düstere Zeiten zusteuert, kann die Stimmung der Reisenden nicht trüben. Ilse ist glücklich, begeistert wie noch nie und himmelt ihren Kurt an. Sie will es ihm recht machen. Und sie wird es ihm recht machen – koste es, was es wolle. Am 10. Februar besteigen sie in Venedig den Dampfer nach Ägypten. Nicht gerade ein Traumschiff für Flitterwochen, denn die sparsamen Bittels fahren natürlich dritter Klasse, das heißt in getrennten Kabinen. »Ich habe jetzt auch eine Schlafgenossin, eine Amerikanerin, die zu ihrer Aunt nach Indien fährt«, redet sich Ilse die einsamen Nächte schön. In Brindisi sieht sie »die ersten richtigen Palmen«. Und ihre Zweisamkeit gestaltet sich so: »Schach mit Kurt, der natürlich gewinnt.«

Am 13. Februar gehen sie in Alexandria von Bord, und Ilse betritt Neuland. »Ich sehe zum erstenmal Araber in Galabije und Tarbusch und verschleierte Frauen. Eine von ihnen setzt sich mit ihren zwei Kindern auf den Boden am Kai, öffnet ihr Gewand und läßt die Kleinen trinken. Ich bin sprachlos. Kurt ist an solche Szenen gewöhnt.« Da ihr Mann bereits zweimal in Ägypten war, kann Ilse sich an- und zurücklehnen. Am 14. Februar kommen sie in Kairo an und nehmen Quartier in einem Nonnenkloster. »Wir werden sehr freundlich aufgenommen, gehen aber gleich zur Grabung. Die Arbeiter erkennen Kurt sofort und begrüßen ihn aufs freudigste. Es wird aber nicht gegraben, da Dienstag als freier Tag festgesetzt ist. Kurt fährt ins Institut nach Kairo.« Und Ilse geht ins Kloster: »Ich bleibe zurück und packe die Koffer aus.«

Immer einen Blick fürs gute Motiv: Ilse Bittel fotografiert die Sphinx von Alaca Höyük mit Storchennesthut.

Gleich am nächsten Tag fängt der Ernst des Grabens an. Am 15. Februar notiert sie: »Wir stehen um sechs Uhr auf und gehen zur Grabung.« Am 16. Februar: »Morgens mit Kurt zur Grabung.« Am 17. Februar: »Morgens mit Kurt zur Grabung. Ich bleibe auch über Mittag draußen. Wir kochen Tee auf einem Spirituskocher.« Am 18. Februar: »Ein schlimmer Tag. Schon morgens, wie wir zur Grabung gingen, war der Himmel bedeckt, und es sauste eigentümlich in den Palmen.« Sonntag, 19. Februar: »Heute kommen Besuche zur Grabung. Ich präpariere Knochen mit Schellack.« Am 20. Februar: »Den ganzen Tag Grabung.« Am 21. Februar kann sie ein bißchen aufatmen: »Freier Tag.«

Vom Mann und seiner Forschung überrumpelt, lernt sie Archäologie *by doing*. Wie sie sich die Betriebswirtschaftslehre in Firmen erarbeitete, erwirbt sie die Grundkenntnisse der Altertumswissenschaft beim Graben. Doch verglichen mit den Lehrjahren in Amerika ist das hier ein Crash-Kurs. Am 22., 23. und 24. Februar ist sie den ganzen Tag bei der Grabung, bleibt nur am 25. Februar ausnahmsweise »vormittags zu Hause (waschen und flicken)«. Bis 20. März nimmt sie an einer Kampagne in Oberägypten teil, dann geht es im Eiltempo zurück nach Kairo. Am 23. März klagt sie auch mal: »Kurt geht gleich wieder zur Grabung; ich bleibe den ganzen Tag im Bett wegen Darmgeschichten.« Ruhr hin oder her, die schwäbische Hausfrau rührt sich bereits einen Tag später am 24. März: »Große Wäsche. Kurt abends in Kairo. Ich bin noch recht elend.« Am 25. März arbeitet sie schon wieder: »Vormittags bei der Grabung.« Am 27. März notiert sie: »Bei der Grabung. Es sind wieder ziemlich viele Knochen zu präparieren, darunter ein weiterer Fötus.«

Das grabende Paar bleibt bis zum 16. Mai in Ägypten. Ab April wird es mörderisch heiß, »über 40 Grad im Schatten«, aber Ilse leidet nicht nur unter der Hitze: »Starke Darmschmerzen. Der Arzt konstatiert Amöbenruhr«. Doch die Schwäbin läßt sich nicht unterkriegen: »Vormittags Spätzle gemacht unter erschwerten Umständen. Sie schmecken aber herrlich.«

Nicht nur hausgemachter Nudeln wegen nimmt Kurt Bittel sie ein Jahr darauf mit nach Hattusa. Wider das ungeschriebene Gesetz, daß Ehefrauen bei Grabungen nichts zu suchen haben. Aber Ilse Bittel hat eine prominente Vorreiterin. Am 11. September 1930 hat die Erfolgsautorin Agatha Christie einen jungen Archäologen geheiratet und begleitet ihn von da an zu seinen Arbeitsplätzen in Syrien und dem Irak. Ihr Mann Max Mallowan macht sich später selbst einen Namen, als er die altassyrische Hauptstadt Nimrud entdeckt. Bei all seinen Grabungen dabei, findet Agatha Christie neben vielen Kostbarkeiten auch reichlich Stoff für ihre Krimis. Den Orientexpreß nimmt die Engländerin wie andere eine Vorortbahn. Fährt sie doch für ge-

Der Orientexpreß: In diesem Zug reisten die Bittels, und hier fiel Agatha Christie zwischen London und Bagdad ihr berühmtester Krimi ein.

wöhnlich mit diesem Zug von London aus in acht Tagen zu den Kampagnen nach Mesopotamien. In Istanbul muß sie allerdings umsteigen, da noch keine Brücke über den Bosporus führt. Per Schiff tuckert sie dann mit all ihren Schrankkoffern hinüber auf die asiatische Seite.

Im Bahnhof Haydar Pascha, wo Agatha Christie ihren Anschlußzug nach Bagdad besteigt, wartet am Abend des 21. Juli 1934 das Ehepaar Bittel auf seinen in den Norden Anatoliens. »Wir nehmen noch einen kleinen Imbiß in der Bahnhofshalle ein. Großes und kleines Gepäck sind aufgegeben beziehungsweise im Abteil verstaut.« Natürlich leisten sie sich keinen Schlafwagen wie Agatha Christie, sondern sind wie gehabt in der Holzklasse unterwegs.

Nach einer harten Nacht notiert Ilse: »Am Sonntag, den 22. Juli, fährt der Zug beim Erwachen schon auf der anatolischen Hochebene. Ringsum breitet sich gelbe Steppe mit dürftigem Graswuchs, Disteln und Dornbüschen aus, nur in den Senken der Täler sieht man schmale Streifen Getreidelandes.« Nach einem Aufenthalt in Ankara geht es weiter nach Nordosten. »Vor Yerköy, unserem Bahnziel, wird die Steppe immer gelber. Sie nimmt schon richtigen Wüstenton an. In der Ferne weiden große Viehherden bei schwarzen Nomadenzelten.« Ein neues Abenteuer deutet sich an. »In Yerköy steigen wir aus. Ein Arbeiter vom letzten Jahr, Osman Tschausch mit wildem, rabenschwarzem Stoppelbart und buschigen Augenbrauen, steht an der Bahn, auch der Bahnhofsvorsteher Zeki Bey kennt Kurt, so daß alles glatt zu gehen scheint.« Ihr Gepäck wird auf Ochsenkarren verladen, sie verfrachtet man in ein Lastauto. »Es wird eine tolle Fahrt, die Straße hat viele Löcher und andere Tücken, so daß man die halbe Zeit in der Luft schwebt. Gegen halb elf kommen wir glücklich in Yozkat an. Der Han (= Karawanserei), in dem wir übernachten wollen, hat keinen Platz mehr frei, so gehen wir in einen anderen, noch abenteuerlicheren, der sich später doch als der bessere entpuppt. Es gibt eine belebte Nacht, wir können aber trotzdem wegen großer Müdigkeit schlafen. Am anderen Morgen erwachen wir übel zerstochen, obwohl wir in unseren eigenen Sachen geschlafen haben.«

Im Pferdegespann geht es weiter nach Hattusa. Ilse Bittel nimmt die Tort(o)ur von der positiven Seite: »Die Landschaft wird immer felsiger und großartiger. Nach einer Biegung des Weges erblicken wir auf der gegenüberliegenden Talseite die Höhe von Yerkapi und den ganzen Mauerzug bis zum Königstor und weiter herunter dem Gelände angeschmiegt, ein aufregender Anblick nach der langwierigen Fahrt.« Unvermittelt befällt sie eine Ahnung von etwas Urheiligem: »Auch auf unserer Seite steigen steile Felsen auf. Eine Gruppe davon birgt die berühmten Felsbilder von Yazilikaya. Wir unterbrechen die Fahrt und sehen sie uns an. Ein alter Mann führt uns. In hohe graue Felswände, die ein Halbrund bilden und in der Mitte einen Platz frei lassen, sind die überlebensgroßen Bilder rundherum eingehauen: am Eingang eine Schar Krieger, weiter innen ein Zug von Göttern, dem von der anderen Seite ein Zug von Göttinnen entgegenkommt. Der Ort hat etwas sehr Feierliches an sich, daß man unwillkürlich an einer alten Kultplatz denken muß.« Doch keiner ist da, der ihr die Reliefs erklären kann. Wo ist Kurt Bittel, der »Herr Herr«? Der Bey Effendi, wie seine Arbeiter zu ihm sagen und ihn von nun an auch seine Frau nennen wird.

Genug des Sightseeings, die Arbeit beginnt: »Am 26. Juli 1934 ziehen wir mit Sack und Pack nach Büyükkale hinauf, um das Lager, das südlich vom Burghügel liegt, einzurichten. Es besteht bei unserer Ankunft aus zwei länglichen Lehmhäusern, die je zwei Räume enthalten, das eine Küche mit Photographenzimmer und Dunkelkammer, das andere Eßzimmer und Magazin. Wir richten den einen Raum neben der Küche notdürftig her. Dann kommt nacheinander das Gepäck auf den Ochsenkarren, und nun entwickelt sich ein geschäftiges Leben: Zelte werden westlich der beiden Häuser aufgeschlagen, Kisten ausgepackt, Schienen und Wagen aus den

Links: Ein Han. Karawanserei und Herberge in Anatolien. Die Bittels stiegen hier auf ihrer Reise nach Hattusa ab. Rechts: Eine der typischen Raststätten. Nur Tee tankten da die Bittels, um sich für die Weiterfahrt zu stärken.

Häusern herausgeholt und im Hof aufgeschichtet und schließlich ein Feuer im Freien gemacht, so daß wir gegen zehn Uhr zu unserem Frühstück kommen.«

Die einzige Frau im Camp ist Mädchen für alles. Ilse Bittel zahlt die Arbeiter aus, behandelt kleine Verletzungen, pflegt Kranke und feiert Erfolge als Kammerjägerin: »Meine Beschäftigung bis zum Abend besteht in der Entlausung und Entflohung unserer gesamten Wäsche, Schlafsäcke und Teppich eingerechnet.« Sie geht dem Koch zur Hand, und das ohne gewohnte Küchengeräte: »Trotzdem machen wir die raffiniertesten Gerichte wie Spätzle, Traubenknödel, Kartoffelküchle usw.«

»Nun die Schilderung unseres Tagesablaufes. Morgens um halb sechs Uhr wird geweckt, um sechs Uhr gibt es erstes Frühstück, nämlich Tee mit Brot, um acht Uhr kommt das zweite Frühstück, das aus Milch, Eiern, Brot und Honig besteht. Vergessen habe ich den Appell der Arbeiter um sechs Uhr, bei dem die Leute der Nummer nach abgerufen werden. Sie haben wie wir zwischen acht und halb neun Uhr Frühstückspause und ebenso wie wir Mittagspause zwischen zwölf und halb zwei Uhr. Die meisten Leute stammen aus dem Dorf Boghazköy. Diese bekommen das Essen durch ihre Frauen und Kinder heraufgetragen. Ihre Mahlzeit besteht hauptsächlich aus Fladenbrot, Zwiebeln, Milch und kleinen länglichen Pfefferschoten. Wir haben mittags Huhn in irgendeiner Form mit Zuspeise und Brot, dann Yoghurt und Obst (Birnen oder Trauben), zuletzt eine kleine Tasse türkischen Kaffee. Dann wird wieder gearbeitet bis halb sechs Uhr abends, wo Schlußappell ist und die Hacken und Schaufeln abgeliefert werden. Nun wird je nach Witterung gebadet oder Fußball gespielt, das letztere mit einem imaginären Tor, das aus zwei Steinhäufchen besteht. Um sieben oder halb acht Uhr wird zu Abend gegessen. Es gibt Suppe mit Huhn und nachher Süßspeise oder Suppe und nachher Huhn mit Zuspeise, zuletzt Yoghurt und Kaffee. Hammel oder Lamm ist schwer aufzutreiben, das heißt man bekommt dann schlechte Tiere mit wenig Fleisch, das einem meist schwer im Magen liegt. Um neun oder halb zehn geht man zu Bett, nachdem Schach und 66 gespielt oder gelesen und geschrieben worden war.«

Eine Frau aus Boghazköy bringt das Mittagessen für ihren Mann, der in Hattusa arbeitet.

In Bittels Reisebeschreibungen kommt das Essen schlechter weg: »Das Leben in unserem kleinen Zeltlager gestaltete sich sehr einfach, denn wir hatten uns bis ins letzte möglichster Sparsamkeit zu befleißigen. Eier, Käse und Milch bildeten unsere Hauptnahrung, Fleisch kam in der ganzen Zeit nicht auf den Tisch, und selbst Hühner konnten wir uns nur ein paar Mal gestatten.« Für einen Schwaben ist Huhn kein Fleisch, und für den besessenen Forscher hat Nahrung einfach Nebensache zu sein. Darben paßt besser zum Abenteuer.

Schon im Herbst 1933 sind Bittels nach Istanbul gezogen, wo er erst Mitarbeiter des Deutschen Archäologischen Instituts, dann ab 1938 dessen Direktor ist. »Wir waren jung und hatten wenig Sorgen. Wir lebten in der Stadt am Bosporus. Er, der junge Archäologe, diente seiner Wissenschaft am Institut, und ich besorgte unser kleines Hauswesen im fünften Stock in Cihangir.« Sie hält ihm den Rücken frei, bis sie dahinter ganz verschwindet.

In Istanbul kann sie kaum den Sommer erwarten. Nicht nur, weil die Winter in der Stadt zwischen zwei Meeren ziemlich zugig und ungemütlich sind. Ilse Bittel zieht es zu ihren Hethitern, die längst gute Bekannte geworden sind. Jedes Jahr im Juli verlegt das Ehepaar seinen Wohnsitz nach Hattusa und bleibt für Monate im anatolischen Hochland. Mit dabei ist der Vierbeiner »Mäxle«, den sie mehr wohl als übel adoptiert haben. Später in Deutschland, als der Hund schon lange tot und ihre Ehe am Ende ist, verfaßt Ilse Bittel Mäxles Memoiren und widmet die anrührende Geschichte »Herrchen«.

»Spät am Abend langte man im Lager an, das nun für viele Wochen Mäxles Heimat werden sollte. Es begann eine wunderbare Zeit für ihn. Die Räume lagen alle zu ebener Erde und waren vom zentral gelegenen Hof aus zugänglich. Da waren keine Türen, nur Zeltvorhänge verschlossen die Türöffnungen. So konnte man nach Belieben aus und ein schlüpfen und hopp! auf Herrchens und Frauchens Bett hinauf, wenn's grad behagte. Was noch wichtiger war: Die Küche war ebenso zugänglich, und zwar nicht nur der Raum als solcher, sondern auch die Herzen des Kochs Osman und des Dieners Gülbek. Morgens wurde man durch das zarte Stimmchen eines Rotschwänzchens geweckt, das sein Nest unter den Balken eines der flachen Lehmdächer hatte, dann kamen die Arbeiter zur Grabung. Herrchen war schon auf und nahm ihn mit sich in den Eßraum. Dort stand ein langer, rohgezimmerter Tisch und hüben und drüben zwei ebenso rohgezimmerte Bänke ohne Lehne. Wenn Herrchen sich setzte und ›hopp‹ sagte, durfte man auf die Bank springen und sich anschmiegen und erhielt gute Bissen.«

Mäxles Paradies ist ihr verlorenes. Bevor die Türkei dem Dritten Reich den Krieg erklärt, werden 1944 alle Deutschen ausgewiesen. Auch die Bittels müssen gehen. Er wird zurückkehren, sie nicht, weil Nachkriegswirren besonderer Art das Ehepaar ereilen. Als er sich neu verheiraten will, beweist Ilse Bittel abermals Größe und läßt sich ohne Aufheben scheiden. Mit dem Ehemann gibt sie die geliebte Sommerarbeit, nicht aber den Kontakt zu den Hethitern auf. Sie korrespondiert weiter intensiv mit Forschern, die mit ihnen auf Tuchfühlung sind. Etwa mit der türkischen Archäologin Halet Cambel, die sich nach dem Krieg gerade anschickt, im Südosten Anatoliens eine sensationelle Entdeckung zu machen. Ihr Hattusa hat Ilse Bittel nie wiedergesehen.

Aus Ilse Bittels Fotoalbum: »Alle Mann an Bord«

Man stelle sich vor: Zugereiste haben Bayern erobert. Isländer sind es, aber das wird bald niemand mehr wissen. Gullbrandr, Alfgrimur und Thorana nennen sich von nun an Schorsch, Loisl und Zenzi. Die Eindringlinge aus dem Norden setzen zwar im Alpenland ihre Kultur und Sprache durch, lassen aber ansonsten alles beim Alten. Das Oktoberfest wird beibehalten, ja es wird noch schöner und besser als das vergangener Zeiten. Gefeierter als je zuvor ist die Muttergottes von Altötting, da sie zur höchsten Schutzheiligen erklärt wird. Die Hauptstadt heißt weiter München, die Usurpatoren hängen höchstens ein »a« an. Die neuen Herren bezeichnen sich wie die angestammten als Bajuwaren. Unter dem angenommenen Namen nehmen sie ganz Europa ein.

Die Hethiter haben genau das getan. Inkognito reisten sie nach Anatolien ein und machten sich erst mal im Land Hatti breit. Dann unterwandern die Einwanderer so lange die einheimische Regierung, bis sie ganz oben sind: im Fürstenhof der Hauptstadt Nes. Nesa für die neuen Machthaber, die mit nie dagewesener Milde die Unterlegenen wie »Mütter und Väter behandeln« und ihre Sprache nun als Nesisch bezeichnen. Als Hethitisch betiteln sie das Idiom ihrer Vorgänger. Doch da sie sich wie das frühere Herrschervolk Hattier nennen, kommen die Archäologen in Begriffsnot. Die wirklichen Hattier taufen sie nun in Protohattier um. Wie die Neu-Hattier ursprünglich geheißen haben, bleibt ein Geheimnis. Ihre Herkunft sprechen die Hethiter nicht an.

Im Zwiegespräch mit Gott sind sie offener. So geben sie in einem Gebet einen möglichen Hinweis auf ihre einstige Heimat: »Des Himmels Sonnengott, der Menschheit Hirte! Du steigst aus dem Meer empor, des Himmels Sonne.« In Hattusa ist dieser Anruf völlig fehl am Platze, weil man weit und breit nur auf Berge blickt. Die da im anatolischen Hochland der See gedenken, lebten wohl einst am Westufer des Kaspischen oder Schwarzen Meeres. Zwischen diesen Meeren siedeln die Wissenschaftler ohnehin das Geburtsland der Indoeuropäer an. Die kommenden Hethiter brachten in die neue Heimat ihre Riten, ihre Sprache und äußerst fortschrittliche Anschauungen mit.

Die Hethiter geben den Historikern weiter Nachhilfe. So rücken sie endlich damit heraus, wie es mit ihnen in Anatolien begann. Allerdings sind die Assyrer die ersten, die Namen und Titel eines hethitischen Regenten festhalten. Die tatkräftigen Kaufleute aus dem Zweistromland dehnten um 2000 v. Chr. ihren Handel aus und erschlossen so neue Straßen. Ihre Karawanen zogen bald weit nach Kleinasien hinein, und da die Händler ein Lager für sich und die Waren brauchten, entstanden längs der Wege Niederlassungen. In den anatolischen Filialen wird neben Zinn, Kupfer und Stoffballen auch Geschäftskorrespondenz gestapelt. Eine der Außenstellen ist im

Hethiter, fein gemacht. Felsrelief in Ivriz, 8. Jahrhundert v. Chr.

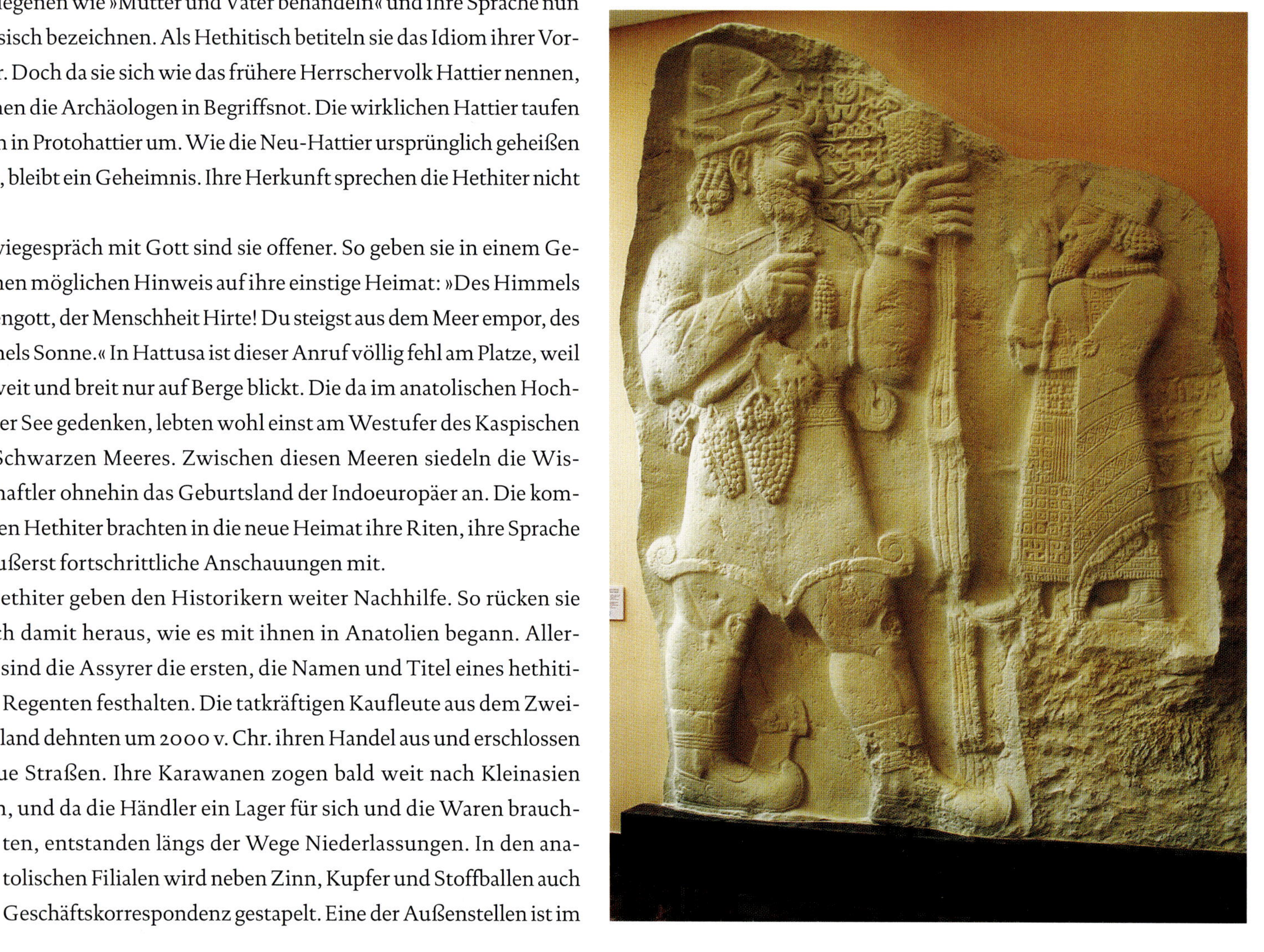

Links: Hethiter präsentieren sich. Fries in Alaca Höyük. Rechts: Den Hethitern weiter auf der Spur. Neue Ausgrabungen in Hattusa.

Land Hatti, und da taucht um 1700 v. Chr. als Adressat eines Schreibens ein gewisser Pithana aus Kussara auf. Hochachtungsvoll wird er angeredet, denn er ist der neue Herrscher von Nes, das auf assyrisch Kanes und auf hethitisch/nesisch Nesa heißt. Sein Sohn Anitta firmiert als erster unter dem Titel »Großkönig«.

Dieser Anitta meldet sich selbst zu Wort. In einer Tempelinschrift hebt er seinen Vater, sich und die familiären Großtaten hervor, macht aber die Stadt Hattus – nun Hattusa in seiner Sprache – nieder. »Ich nahm sie in der Nacht mit Sturm, an ihre Stätte aber säte ich Unkraut. Wer nach mir König wird und Hattusa wieder besiedelt, den soll der Wettergott des Himmels richten.« Der Fluch scheint gewirkt zu haben, denn in Hattusa tut sich lange nichts. Für einen Zeitraum von 130 Jahre fehlt jegliche Überlieferung. Was aber nicht heißen muß, daß keiner hier wohnte. Vielleicht ließ man Gras übers Unkraut wachsen und war einfach schreibfaul.

Das ändert sich schlagartig mit Hattusili, den Hattusa mit Sturm nimmt, so daß er bleibt. Der erste richtige Großkönig hat viel zu erzählen, und die Tontafelschreiber sind nicht länger arbeitslos. Er diktiert ihnen die Annalen und ein politisches Vermächtnis. Sein ursprünglicher Name war Labarna; Hattusili nennt er sich nach dem Einzug in Hattusa, weil es »der aus Hattusa« bedeutet. Labarna wird dann der Herrschertitel, wie später in Rom die Cäsaren so wegen Cäsar heißen. Hattusili I. (ca. 1565–1540 v. Chr.) legt den Grundstock für Hattis Größe. Er bindet den Westen Kleinasiens, Nordsyrien und das obere Zweistromland fest ans hethitische Reich. Was ihm bei seinem Adoptivsohn nicht gelingt. Hattusili setzt ihn im letzten Moment als Thronfolger ab. Auf seinem Totenbett diktiert er das Entlassungsschreiben: »So spricht der Großkönig zu der Versammlung und den Würdenträgern: Wohlan, da bin ich krank geworden. Und als ich euch den Knaben Labarna vorgestellt habe: Der soll sich auf den Thron setzen, da habe ich, der König, ihn auch meinen Sohn genannt, ihn umarmt und erhoben und habe ihn verwöhnt. Wie sich der Bursche aber jetzt bei meiner Krankheit benahm, das ist nicht wiederzugeben! Er hat keine Träne geweint, kein Mitleid gezeigt! Kalt ist er und herzlos. Da habe ich, der König, ihn mir vorgenommen und an mein Lager kommen lassen. Soll man unter diesen Umständen den Neffen etwa noch weiterhin als Sohn heranziehen? Auf die Worte des Königs hat er nie gehört. Aber auf die Worte seiner Mutter, der Schlange, hat er gehört. Brüder und Schwestern trugen ihm fort und fort üble Reden zu. Auf deren Reden hat er gehört. Ich erfuhr es, der König. Nun wohlan: Kampf gegen Kampf! Aber Schluß damit! Der da ist mein Sohn nicht mehr. Da aber brüllt seine Mutter wie eine Kuh: ›Bei lebendigem Leibe hat man mir starkem Rind den Schenkel ausgerissen. Ihn hat man vernichtet, und du wirst ihn gar töten.‹ Aber habe ich, der König, ihm denn irgend Böses getan? Habe ich ihn nicht zum Priester gemacht? Stets habe ich ihn ausgezeichnet, war auf sein Wohl bedacht. Er aber ist den Wünschen des Königs nie liebreich begegnet. Wie würde er da, wenn es nach seinen Wünschen geht, Hattusa lieben können?« Der Neffe wird enterbt und ein Enkel als Kronprinz eingesetzt. Mit Mursili I. (ca. 1540–1530 v. Chr.) liegt er richtig, was den Gedeih des Reiches angeht. Der neue König zieht mit seinen Truppen den weiten Weg ins Zweistromland und kann 1531 v. Chr. sogar Babylon erobern. So etwas ist noch nicht vorgekommen, und die Berichte der mesopotamischen Kriegsreporter überschlagen sich. (Weil so der Sieg ein Datum bekommt, sind diese Texte auch für Archäologen wichtig.)

Mursili setzt sich erfolgreich gegen Hattis Widersacher zur Wehr, doch ist der schlimmste Feind seine Familie. Seine Tochter zettelt einen Aufstand an, und Schwager Hantili bringt ihn um. »Und Hantili war Mundschenk. Er hatte Harapsili, die Schwester Mursilis. Nun machte sich Zidanta an Hantili heran, und sie begingen eine Untat. Sie töteten Mursili und begingen eine Bluttat.« Der Mundschenk wird König, aber dann meuchelt sein Komplize die Königin und den Prinzen, um freie Bahn in der Thronfolge zu haben. Zidanta I. wird daraufhin von seinem Sohn Ammuna erschlagen, auch der Krone wegen. Ebenso unrechtmäßig folgt Huzzija I. auf den Thron.

Auf daß das dynastische Morden ein für allemal ein Ende hat, braucht es einen starken Mann: Telipinu, der wie der hethitische Gott der Ernte heißt. Daß Sterbliche Götternamen trugen, war in Hatti genauso üblich wie ein auf Christos Getaufter im heutigen Griechenland. Telipinu erläßt um 1500 v. Chr. ein rigides Thronfolgegesetz: »König soll der erstgeborene Prinz werden. Wenn ein männlicher Thronfolger nicht vorhanden ist, soll man der er-

König Tuthalija III. Im Felsheiligtum von Yazilikaya erhebt sich der drittletzte Großkönig über die Götter.

sten Tochter einen einheiratenden Ehemann geben, und jener soll König werden. Hat er die Macht durch eine Bluttat gewonnen, kann der König mit dem Tod bestraft werden.« Gesetzesschreiberisch voll in Fahrt, gelingt Telipinu die allererste Verfassung, deren Paragraphen an die 200 Tontafeln füllen. Schon die Präambel ist Programm: »Früher war da der Labarna, der Großkönig, und da waren seine Söhne, seine Brüder und seine Schwäger, die Männer seiner Familie und ihr Anhang, vereint. Das Land war jedoch klein. Wohin er aber zu Felde zog, hielt er die Länder der Feinde mit starkem Arm besiegt. So schaltete er die feindlichen Länder nach und nach aus; die Länder machte er jedoch leistungsfähig und zu Grenzen der Meere. Sowie er nämlich aus dem Felde zurückkam, ging jeder seiner Söhne irgendwohin in ein neu hinzugewonnenes Land. Sie verwalteten also die Länder, so daß die großen Orte versorgt waren.«

Weil jetzt nicht mehr der Stärkste König werden kann, folgen nun unauffällige Herrscher. Tahurwaili, Alluwamna (mit seiner Ehefrau Harapsili, die als erste Großkönigin namentlich erwähnt wird), Hantili II., Zidanta II., Huzzija II. und Muwattalli I. Und weil sie sich nicht allein aufs Telipinus Gesetz verlassen können, müssen sie sich Getreue kaufen. Meist mit Grundstücken, denn nun tauchen die ersten Landschenkungsurkunden in den Archiven auf. Die Formel, mit der die Überschreibungen rechtskräftig wurden, lautet: »Die Worte des Großkönigs sind von Eisen. Sie sind nicht zu verwerfen, nicht zu zerbrechen. Wer sie vertauscht, dem wird man das Haupt abschlagen.«

Da steht es geschrieben. Das Metall, das in dieser Epoche alle haben wollen, weil es am seltensten ist. Mit Eisen sind die Hethiter ihrer Bronzezeit weit voraus. Verhütten – also Eisen aus den Erzen gewinnen – können sie noch nicht, aber Anatolien hat wohl einige Vorräte an Meteoreisen. Auf dieses Metall, das vom Himmel fiel, hat Hatti das Monopol und bestimmt den Preis. Die rostigen Klumpen sind weit wertvoller als Gold, weil es kaum welche gibt. So ist Schmuck aus Eisen ein Muß für die Pharaonen, was die Archäologen lang nicht verstehen werden. Da hat ein Herrscher alles Gold der Erde und läßt sich mit einem rostigen Ring bestatten!

Der Witwe Tut-ench-Amuns geht es um etwas anderes, als sie Suppiluliuma I. um die Hand seines Sohnes bittet. Hatti hat Solideres als Eisen zu bieten: Sicherheit. Suppiluliumas Vorgänger haben das hethitische Reich groß und stark gemacht. Tuthalija I. (ca. 1420–1400 v. Chr.) sorgte mit Großkönigin Nikalmati für mehr Stabilität im Inneren. Außenpolitisch erwachsen ihm im Westen urplötzlich neue Feinde: in seiner Sprache die Ahhijawa, gleich Achäer, besser als Mykener bekannt. Diese ältesten Griechen sind gerade in Kleinasien gelandet und gründen in der Gegend von Milet – auf hethitisch Millawanda – erste Kolonien. Arnuwanda I. (ca. 1400–1375 v. Chr.) festigt mit Gattin Asmunikal weiter das Reich und verteidigt erfolgreich dessen Grenzen. Tuthalija II. (ca. 1375–1355 v. Chr.) packt noch ein paar Länder dazu und bereitet den Weg zum Großreich, das sein Nachfolger begründet.

Suppiluliuma I. (ca. 1355–1320 v. Chr.) ist Hattis erster Sonnenkönig. Mit seinen Gattinnen Daduhepa, Hinti und Malnigal – darunter eine babylonische Prinzessin für die gute Nachbarschaftspflege – läßt er in Hattusa die Göttin eine gute Frau sein. In Ägypten wird gerade die letzte Tür an Tut-ench-Amuns Grab versiegelt, dessen Entdeckung 3272 Jahre später zur Sternstunde der Archäologie werden wird. Die Trauerfeierlichkeiten sind vorüber, da schreibt die Witwe an Suppiluliuma: »Mein Gatte ist gestorben, einen Sohn aber besitze ich nicht. Dir aber schreibt man allgemein viele Söhne zu. Wenn du mir einen Sohn von Dir geben würdest, so könnte er mein

Gatte werden. Soll ich etwa einen Sklaven hernehmen und ihn zu meinem Gatten machen und verehren?«

Suppiluliuma hält den Heiratsantrag eher für einen Scherz und schickt seinen besten Spion aus: »Geh, bring du mir zuverlässige Kunde zurück. Sie wollen mich vielleicht nur verspotten, sie haben vielleicht schon einen Thronfolger. Nun – bring mir zuverlässige Kunde zurück.«

Die Pharaonin kriegt die Bedenken spitz und ist sauer: »Warum hast du so gesprochen: ›Sie wollen mich nur verspotten!‹ Ich habe an kein anderes Land geschrieben. Nur an dich habe ich geschrieben. Dir pflegt man viele Söhne zuzuschreiben. Gib mir einen Sohn von dir, er soll mein Gatte, in Ägypten aber König sein.« Der Großkönig schickt postwendend einen Sohn nach Ägypten, doch noch auf der Reise wird der Prinz ermordet. Wahrscheinlich von der Priesterclique, die lieber einen der Ihren auf den Thron hievt. Wo wären die Ägypter auch hingekommen, hätten sie einen Ausländer als Pharao erhalten!

Hatti hat jetzt andere Sorgen. Eine Seuche wütet in Anatolien, und der Schwarze Tod holt sich erst Suppiluliuma, dann nach knapp zwei Jahren Regierungszeit seinen Sohn Arnuwanda II. (ca. 1320–1318 v. Chr.). Der Jüngere ist nun an der Reihe, ob er will oder nicht. Mit Mursili II. (ca. 1318–1290 v. Chr.) besteigt nicht gerade ein Macher den Thron. Bevor er losschlägt, wägt er alle Risiken, alle möglichen Reaktionen ab: »Wenn ich nun gegen jenen Feind gezogen wäre und ihn besiegt hätte, hätten da nicht die Assyrer, sowie sie davon gehört hätten, folgendermaßen gesprochen ...« Armeen sind ihm zu Diensten, aber vor allem die der Holz- und Tontafelschreiber. Der Denker als Hattis Oberhaupt zerbricht sich über vieles den Kopf und macht das öffentlich. Dank ihm erfahren seine Bronzezeitgenossen und die Nachwelt durch die »Zehnjahresannalen«, die »Mannestaten Suppiluliumas« und die »Ausführlichen Annalen« viel von Hattis Geschichte. Anders als seine orientalischen Kollegen beschönigt er nicht die Vergangenheit, sondern sieht sie ziemlich kritisch. Wo sie blumig um den Brei herumschreiben, redet er Klartext.

Auch über die Sünden seines Vaters. Weil der große Suppiluliuma zu faul zum Pilgern war, muß sich nun der Sohn abmühen. Mit Gattin Gassulawija wandert er zur Sonnengöttin von Arinna, auf daß diese der Familie vergibt und ihm unter die Arme greift. Er, der nie der geborene Krieger war, schlägt sich dann auch recht tapfer. Seinen Rechenschaftsbericht beendet er: »Diese feindlichen Länder bezwang ich mit eigener Hand. Die feindlichen Länder, die indes die Prinzen und Herren bezwangen, sind nicht dabei.« Mursili schmückt sich nicht mit fremden Eroberungen.

Am Ende seines Lebens macht er noch eine ganz besondere: Er heiratet die junge Danuhepa. Das ficht den Sohn nicht an, wohl aber dessen Ehefrau. Die Kronprinzessin wird nur Großkönigin, wenn die alte stirbt. Da aber die alte so jung ist, wird die Thronfolgerin lange warten müssen (außer ihr fällt ein fauler Zauber ein). Das Amt der Großkönigin wird auf Lebenszeit verliehen und ist nicht an das Leben des Ehemannes gebunden. Nach dem Tod des König bleibt sie weiterhin Königin. Ihre Macht und ihre Pflichten sind in der Verfassung festgeschrieben. Sie ist erste Frau und höchste Priesterin im Staate. So sie will – und die meisten wollen! – macht die Großkönigin Politik, siegelt Staatsverträge und tauscht sich persönlich und schriftlich mit anderen Herrschern aus.

Mursilis ältester Sohn Muwattalli II. (ca. 1290–1272 v. Chr.) regiert nach dem Tod des Vaters also mit seiner Stiefmutter, die ja weiter Großkönigin ist. Doch setzt ihn seine Frau

Eine Hethiterin stillt ihr Kind. Relief in Karatepe aus dem 8. Jahrhundert v. Chr.

Jagdszenen aus Hatti. Aus dem Tor-Fries Karatepes, 8. Jahrhundert v. Chr.

so lange unter Druck, bis er Danuhepa in die Verbannung schickt. Ein höchst unfreundlicher erster Staatsakt, der außerdem eklatant gegen die Verfassung verstößt. Dem Gericht entzieht er sich, indem er kurzerhand die Hauptstadt von Hattusa nach Tarhuntassa verlegt, das nach Hattis Untergang vom Erdboden verschwindet. Die Archäologen werden 2000 n. Chr. die Ausweichstadt irgendwo im östlichen Hinterland des heutigen Antalya vermuten. Hier kommt der Taurus dem besessenen Krieger nicht mehr in die Quere, dieses hohe Gebirge mit seinen Dreitausendern, das der Schnee sechs Monate im Jahr unpassierbar macht. Hier unten im Süden muß Muwattalli nicht mehr auf dem Sommer warten, um loszuschlagen. Syrien liegt gleich um die Ecke des Mittelmeers.

Der Weg wäre frei, nur fehlen die Wagen. Die Lieferung der neuen Geheimwaffe verzögert sich: blitzschnelle Streit-Sulkys, mit einem Lenker und zwei Schützen bemannt. Schon bald werden sie Ramses II. das Fürchten lehren. Muwattalli ist derjenige, der den Pharao in der Schlacht bei Kadesch besiegt. In Krieg und Frieden steht ihm zuverlässig sein jüngerer Bruder zur Seite. Hattusili tut alles für den Großkönig. Ist Truppenführer, Hofbeamter und holt als Gouverneur in den unruhigsten Provinzen die Kastanien aus dem Feuer. Ramses bewundert diese Ergebenheit. Weil sich der Ägypter nicht einmal auf seine Götter verlassen kann, lobpreist er in einem Schreiben an Muwattalli diese unverbrüchliche Brudertreue.

Kaum ist Muwattalli tot, ist es um die Loyalität geschehen. Nicht Hattusili folgt dem Bruder auf dem Thron, sondern – wie es das Erbfolgegesetz vorschreibt – Muwattallis Sohn Mursili III. (ca. 1272–1265 v. Chr.), mit hurritischem Namen Urhitesup (die Mutter war eine Nebenfrau aus dem Nachbarland Mittani). Der neue Großkönig rehabilitiert die alte Hauptstadt und die alte Großkönigin. Er zieht mit dem Hofstaat zurück nach Hattusa und holt die verbannte Danuhepa zurück.

Dem Brudersohn ist Hattusili nicht ergeben, im Gegenteil. Der Onkel drängt den Neffen vom Thron und wäscht seine Hände in Unschuld. Hattusili II. (ca. 1265–1240 v. Chr.) schiebt den Göttern den Putsch in die Schnabelschuhe. Sie hätten ihn berufen und er sei ihrem Befehl gefolgt. Die arme Danuhepa muß schon wieder die Überseekörbe packen, denn Hattusilis Gattin will jetzt und sofort Großkönigin sein. Puduhepa hat den alten Haudegen Hattusili verzaubert – und das wahrscheinlich im wahrsten Sinne des Wortes. Die schillerndste der hethitischen Großköniginnen stammt aus dem Bundesland Kizzuwadna, das als Hochburg der weißen wie schwarzen Magie gilt. Ihr Vater ist dort Oberpriester, und so bringt sie als Mitgift jede Menge Götter, somit neue Feiertage und mehr Hexerei nach Hattusa. Hattusili ist so hingerissen, daß er eine Liebeserklärung an sie in Ton ritzen läßt.

Puduhepa ist sehr daran gelegen, daß ihr Mann und Ramses Frieden schließen. Nicht nur, weil sich Hatti und Ägypten seit der Schlacht von Kadesch vor 16 Jahren im Kriegszustand befinden. Ein Vertrag, der überall Beachtung findet, könnte nicht nur den Frieden sichern, sondern auch – so denkt sie – die Macht ihrer Familie. So taucht denn im Pakt ein Passus auf, der da gar nicht hineingehört: Der Pharao garantiert die Thronfolge von Hattusilis Sohn, der ja auch ihrer ist. Keiner kann ihm mehr die Würde streitig machen, die der Vater so unlauter erworben hat. Neben Ramses und Hattusili unterzeichnet auch Puduhepa das Vertragswerk, das sie so forciert hat, und bekommt eine eigene Kopie auf Silber.

Um das Bündnis zu festigen, schickt Hattis Herrscherpaar sogar eine Tochter an den Nil, damit sie Ramses ehelicht. Hattusili und Puduhepa setzen wohl alles dran, daß ihre Kleine im ägyptischen Harem nicht eine unter vielen ist. Schon Suppiluliuma gebot einem ausländischen Schwiegersohn, sich anständig, sprich hethitisch zu verhalten: »Für das Land Hatti ist allerdings eine sittliche Verpflichtung von Bedeutung: Der eigene Bruder nimmt die eigene Schwester und die Blutsverwandte nicht geschlechtlich; es ist nicht geltendes Recht. Wer indes so etwas tut, bleibt in Hattusa nicht am Leben; er wird deswegen getötet. Da euer Land ungesittet ist, nimmt man gewöhnlich auch noch den eigenen Bruder, die eigene Schwester und die Kusine geschlechtlich. In Hattusa ist das allerdings nicht geltendes Recht. Wenn dich nun einmal eine Schwester deiner Gattin oder eine Blutsverwandte von ihr, eine Kusine, aufsucht, so gib ihr zu trinken und zu essen und eßt, trinkt und freut euch. Wünsch dir allerdings nicht, sie geschlechtlich zu nehmen; es ist nicht geltendes Recht. Man wird gewöhnlich aus dem Grund getötet.«

Ob Ramses einen ähnlichen Ehevertrag unterzeichnen mußte, ist nicht bekannt. Er machte die Schöne aus Hattusa allerdings zu seiner Hauptfrau. Als diese stirbt, heiratet er in hohem Alter abermals eine hethitische Prinzessin. Als Schwiegersohn wäre er ein möglicher Nachfolger Hattusilis. Aber Puduhepa hat ja schon ihren Sohn per Friedensvertrag zum Kronprinzen erklärt. Und Ramses hat unterschrieben.

Das Siegel einer Landschenkungsurkunde mit Hieroglyphen.

In puncto Selbstherrlichkeit kommt Tuthalija III. (ca. 1240–1215 v. Chr.) ganz nach seiner Mutter. Er, der vorgeblich frömmste aller Großkönige, stellt sich mit den Göttern in eine Reihe. Und nicht nur das: Marschiert er schon in Yazilikaya mit, ist er in dieser Göttergalerie auch noch der Größte. Sein Felsbild überragt das des Wettergottes.
Ihm folgt auf den Thron erst sein Sohn Arnuwanda III. (ca. ab 1215 v. Chr.); dann regiert als letzter Großkönig sein Zweitgeborener Suppiluliuma II. bis etwa 1190 v. Chr. Nicht unangefochten, wie sich noch zeigen wird.

DIE BÖSEN NACHBARN

Weitab vom Schuß, wohnen die Hethiter in Abrahams Schoß. Angreifer tun sich im Norden Anatoliens mit dem Erobern schwer. Wie Wälle ziehen sich Gebirge rund um Hatti und befestigen das Land auf natürliche Weise. Wilde Bergvölker hält das nicht ab, und so fallen von Zeit zu Zeit die Kaskäer ein. Da, wo sie herkommen, siedeln die griechischen Geschichtsschreiber die Amazonen an, die in Hattis Historien unerwähnt bleiben. Vielleicht war die Gattung »Starke Frau« im Reich der Großköniginnen so gang und gäbe, daß man darüber kein Wort verlieren mußte.
Als die Hethiter dann im 16. Jahrhundert v. Chr. über den Tellerrand des Taurus schauen, kollidieren sie zwangsläufig mit Mitanni, das von den Hurritern bewohnt wird. Das Nachbarland im Südosten gehört neben Ägypten, Babylon und Hatti zu den vier Supermächten am Ende der Bronzezeit. Die Hethiter lassen aber nichts unversucht, das mesopotamische Großkönigreich für sich einzunehmen. So werden Königskinder ausgeschickt, Mitannis Regenten zu freien. Hurritische Götter adoptiert, die in Hatti wie die eigenen verehrt werden. Lieber hätten sie noch die Pferde, für deren Zucht die Hurriter berühmt sind. Aber Mitanni ist weder zuverlässiger Lieferant noch Freund. Man spricht einfach nicht die gleiche Sprache und das im wahrsten Sinne des Wortes. Das Hurritische gehört weder der indoeuropäischen noch der hamito-semitischen Sprachgruppe an. Mitanni exportiert aber wenigstens Götter- und Königsnamen nach Hatti und später auch nach Nordindien, wo dazu noch hurritische Rituale auftauchen.
Wenn schon nicht ihre Rosse, kann man doch die Hurriter kaufen. Gegen gute Bezahlung bieten sie Freundschaft und Gefolgstreue an. Im Amarna-Archiv fand sich die Offerte eines Mitanni-Herrschers an den ägyptischen Pharao: »Du hast mit meinem Vater sehr innige Freundschaft gehalten. Jetzt, da wir miteinander Freundschaft halten, ist sie zehnmal größer als mit meinem Vater. Und nun sage ich weiter zu meinem Bruder: Möge mein Bruder mir zehnmal soviel zuteil werden lassen wie meinem Vater. So möge mein Bruder mir sehr viel Gold senden, unzählbar viel Gold möge mein Bruder mir senden, mein Bruder möge mir mehr Gold senden als meinem Vater.« Mittani beliefert Ägypten mit Prinzessinnen, denn hurritische Ehefrauen sind bei den Pharaonen begehrt.
Die Assyrer bekommen keine Frauen ab, denn sie sind Mitannis Erzfeinde. Als das Volk aus dem Zweistromland noch eher auf Handel denn auf Händel aus war, konnten sich die Hethiter nicht beklagen. Es sind assyrische Kaufleute, die Kleinasien per Handelsstraßen erschließen, was für die anatolischen Hinterwäldler nur von Vorteil ist. Neben exotischen Spezereien bringen sie den Hethitern auch die Keilschrift mit. Dann aber kultivieren die Assyrer den Krieg, was Hatti zu spüren bekommt.
Aber erst ist Mitanni dran, das sich in der Not an Suppiluliuma wendet. Besser Hatti als Assyrien, sagt sich der bedrohte Herrscher, ist doch der Großkönig im Norden noch dazu sein Schwiegervater. Suppiluliuma I. hilft, schreibt es aber seinem hurritischen Schwiegersohn unter die Nase: »Da das Land Mitanna, ein großes Land, nicht zugrunde gehen sollte, hat der Großkönig, der König des Landes Hattusa, das Land Mitanna für seine Tochter wiederhergestellt.« Mitanni wird hethitisches Bundesland, bis es sich die Assyrer einverleiben. Kaum haben sie Mitanni erobert, das sie Hanigalbat nennen, fordern die Assyrer vom Pharao: »Als der

Hatti und seine Nachbarn im 13. Jahrhundert v. Chr.

Wilusa
(W)Ilios/Troja
WILUSA
Lemnos
Iolkos
Lazba
Lesbos
Euboia
Orchomenos
Theben
Athen
Chios
Karabel-Paß
Mykene
Aigina
Samos
Abasa
Ephesos
Maian
Pylos
Millawanda
Miletos
Latmos
Gebirge
Kos
Thera
(Santorin)
Kythera
Rhodos
ÄGÄISCHES MEER
SEHA
MIRA
LU
Knossos
Kreta
Phaistos
MITTELLÄNDISCHES

Das Hethitische Großreich und sein Einflußbereich

Das Assyrische Reich und sein Einflußbereich

Ägypten und sein Einflußbereich

Das mykenische Griechenland

Das Gebiet der Kaskäer

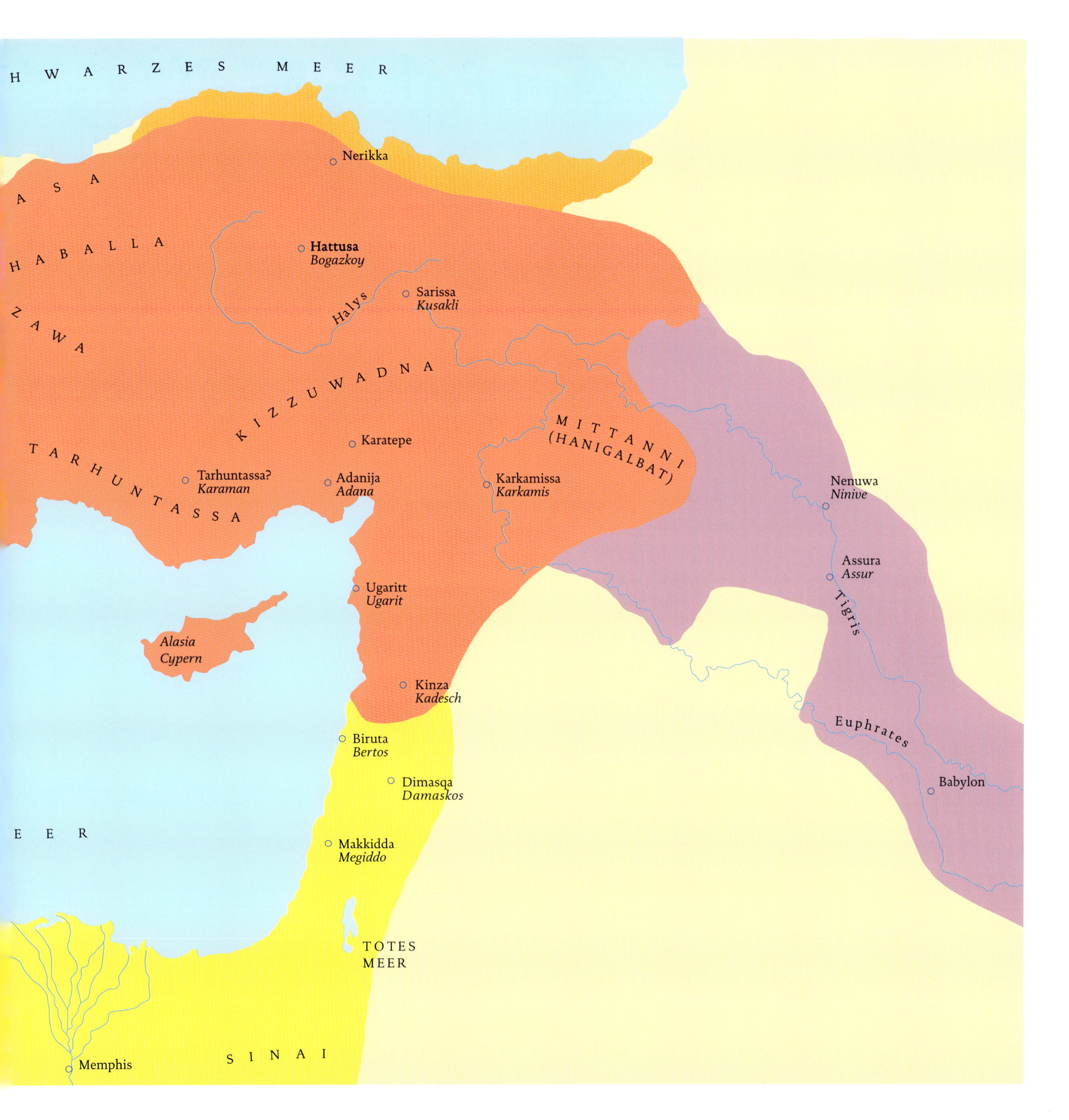

H W A R Z E S M E E R
A S S A
H A B A L L A
Z A W A
K I Z Z U W A D N A
T A R H U N T A S S A
M I T T A N N I
(H A N I G A L B A T)
Nerikka
Hattusa
Bogazkoy
Halys
Sarissa
Kusakli
Karatepe
Tarhuntassa?
Karaman
Adanija
Adana
Karkamissa
Karkamis
Nenuwa
Ninive
Assura
Assur
Tigris
Ugaritt
Ugarit
Alasia
Cypern
Kinza
Kadesch
Biruta
Bertos
Dimasqa
Damaskos
Euphrates
Babylon
E E R
Makkidda
Megiddo
TOTES
MEER
Memphis
S I N A I

König von Hanigalbat zu deinem Vater nach Ägypten sandte, schickte man ihm zwanzig Eselslasten Gold. Nun bin ich doch dem König von Hanigalbat ebenbürtig, und du hast mir nur wenig Gold gesandt. Wenn deine Absicht wahrhaft auf gute Freundschaft gerichtet ist, dann sende gefälligst reichlich Gold.« Das ist kein guter Ton, den der Assyrer da anschlägt. Die Herren von Assur werden als Emporkömmlinge betrachtet, mit denen die Großen Vier – jetzt drei, da Mitanni leider zu Assyrien gehört – nichts zu tun haben wollen.

Von Hatti verlangt der assyrische Gewaltherrscher, als Großkönig anerkannt zu werden, worauf Mursili III. kontert: »Du sprichst wiederholt über die Überwältigung des Landes Hurri. Mit der Waffe hast du gesiegt, meinen Gefolgsmann hast du besiegt, doch bist du dadurch etwa ein Großkönig geworden? Was also sprichst du andauernd von Bruderschaft? Bruderschaft – was ist das? Aus welchem Grunde sollte ich dir über Bruderschaft schreiben? Wer schreibt wem gewöhnlich von Bruderschaft? Schreibt man etwa, so man nicht befreundet ist, einander gewöhnlich von Bruderschaft? Weshalb sollte ich also dir von Bruderschaft schreiben? Du und ich, wurden wir etwa von einer Mutter geboren? So wie mein Vatersvater und mein Vater dem König des Landes Assur nicht von Bruderschaft schrieben, so schreibe auch du mir nicht von Bruderschaft und gar Großkönigtum. So ist es mein Wunsch!«

Gut gebrüllt, Löwe von Hatti! Aber ziemlich tollkühn, denn aus der Handelsmacht ist mittlerweile eine rabiate Militärmacht geworden. Doch nicht Waffen, allein Manieren können die Hethiter beeindrucken. Ein Assyrer kommt ihnen nicht in die Familie. Diplomatisch verkehrt man zwar mit ihnen, doch nie und nimmer geschlechtlich. Kein Großkönigskind wird an den Tigris geschickt, damit man den verachteten Staat wenigstens dynastisch isoliert.

Auch die Ägypter wollen mit den Assyrern nicht verwandt sein. Mit den Hethitern hingegen sind sie gern verbandelt. Und sieht man von der Schlacht von Kadesch ab, haben sich Pharaonen und Großkönige immer gut vertragen. Den Herrschern vom Nil ist an guten Kontakten besonders gelegen, weil sie unbedingt etwas haben wollen, was nur die Anatolier besitzen: nicht nur die schönsten Prinzessinnen, sondern vor allem das Eisen.

Mit dem wilden Westen Kleinasiens tun sich die Hethiter schwer. Laufend müssen sie sich mit Ländern wie dem Seha-Fluß-Land, Arzawa, Mira und Wilusa herumschlagen. Die Vasallen werden besonders aufmüpfig, als ihnen ab 1400 v. Chr. eine neue große Macht den Rücken stärkt: die Ahhijawa, denen die Hethiter ungefragt die Großkönigswürde verleihen. Der Schweizer Emil Forrer hat schon in den zwanziger Jahren des letzten Jahrhunderts Ahhijawa mit Achäer übersetzt. Er las auch Troja, Milet und weitere Namen in den hethitischen Texten, was heute unumstritten ist. Damals wurde er ausgelacht und von den Hütern der reinen Sprachlehre wissenschaftlich kalt gestellt. Johannes Friedrich korrigierte nicht nur Forrer, sondern auch die Hethiter. In seinem »Hethitischen Wörterbuch« verbessert er schon mal die Tontafelschreiber. Daß die Griechen ins Hoheitsgebiet der Hethitologen eindrangen, durfte einfach nicht sein. Erst achtzig Jahre später schließen sich die Sprachforscher Forrers Ansicht an.

Die Mykener in Hattiland. Es war spät in der Bronzezeit, und allen stand der Sinn nach Waffen. Wer ein richtiger Kämpfer sein wollte, mußte richtig gerüstet sein. Panzer, Helm, Sichelschwert und Speer hatten aus härtester Bronze zu sein, dieser Legierung aus Kupfer und Zinn, die endlich die Armeen schlagkräftig machte. Die Hethiter haben diese Metalle zusammengebracht. An Kupfer war leicht heranzukommen, da Anatolien reich an diesen

Erzen ist. Aber um Zinn zu finden, mußten sie bis ans Ende der Alten Welt gehen: nach Usbekistan, wo in den Bergwerken am Pamir schon damals Zinn abgebaut wurde. Mykener haben dort den hethitischen Aufkäufern dazwischengefunkt, wie die Scherben ihres Reisegeschirrs beweisen. Sie waren es leid, daß Hatti der Hauptumschlagplatz für Zinn war und deshalb den Preis bestimmte. Die leidenschaftlichen Krieger aus Griechenland wollten wohl die Metallbeschaffung selbst in die Hand nehmen.

In ihrer Heimat sind die Nachfahren des legendären Atreus nicht nur führend im Bronzegeschäft. Mit Kreta übernehmen die Mykener auch dessen Kolonien in Kleinasien, wie die Inseln Rhodos und Kos und Milet am latmischen Golf. Da taucht dann um 1400 v. Chr. auch ein Atreus auf, den Arnuwanda I. in seiner Sprache Attrissija nennt. Der Großkönig ist ganz unhethitisch außer sich und macht seiner Wut in einem Schreiben Luft. Vasall Madduwatta hatte ihn vor Jahresfrist um Beistand gebeten, weil die Ahhijawa sein Land bedrohten. Der Großkönig selbst eilte mit seinem Heer zu Hilfe und jagte die Angreifer samt ihrem Anführer Attrissija davon. Und was ist der Dank dafür? Jetzt macht Madduwatta gemeinsame Sache mit diesem Attrissija und Hattis Randprovinzen unsicher. Gerade sind sie auf Raubzug in Zypern, haben Eilboten dem Großkönig zugetragen.

Die »Fremden von den Inseln« verunsichern die Hethiter. Atreus, der hier Attrissija heißt, hat bereits 100 Kampfwagen, was ihn zu einer politischen Größe macht. Zur echten Gefahr werden die Ahhijawa um 1300 v. Chr., als sie sich mit dem Land Arzawa verbünden, Hattis größtem Feind im Westen. Mursili II. kann sich das nicht bieten lassen und jagt sein Heer gen Millawanda, Miletos auf mykenisch und wichtigster Stützpunkt der Urgriechen. Wie fürchterlich die Hethiter Rache nehmen, wird Jahrtausende später Wolf-Dietrich Niemaier aufdecken.

Der Archäologe erforscht in Milet den frühgeschichtlichen Unterbau der einst größten griechischen Stadt in Kleinasien. Die fragliche Zeitschicht besteht nicht aus komprimierten Lehmziegeln, sondern aus Asche. Brandhorizont nennt der Fachmann die Feuerzeichen, die – von den Folgesiedlungen zu schwarzen Linien gestaucht – uralte Katastrophen dokumentieren. Ein »normaler« Stadtbrand mißt fünf Zentimeter. Die dreißig in Milet beweisen ein Höllenfeuer, das die Hochburg der Mykener um 1300 v. Chr. in Flammen aufgehen ließ. Mursili hat mit den Aufmüpfigen sichtlich kurzen Prozeß gemacht. Das gleiche Schicksal ereilte Arzawas Hauptstadt Abasa, heute Ephesos. Der König von Arzawa – so vermelden die Hethiter mit Bedauern – konnte sich retten. Er floh »übers Meer« zu seinem alten Bundesgenossen, dem Herrscher der Ahhijawa. Dort in Griechenland erwächst den Hethitern jetzt ein anderer Feind: der Enkel des Königs von Arzawa, der bei seinem Großvater im Exil aufgewachsen ist. Vergeltung muß Pijamaradu üben, raunt dieser ihm wieder und wieder zu. Also macht sich der Junge nach Kleinasien auf und wird, was ein Rächer ohne Armee nur werden kann: ein Terrorist. Mit wilden militärischen Aktionen hält er den Westen und Hattis Großkönig in Atem. Der Statthalter von Millawanda – die Stadt ist mittlerweile größer und schöner wieder aufgebaut – gewährt dem Einzelkämpfer immer wieder Unterschlupf, weil er muß. Pijamaradu ist der Schwiegervater des Mykeners. Um den Attentaten ein Ende zu bereiten, wendet sich Hattusili II. direkt an den Herrscher der Ahhijawa. In seinem Schreiben spricht er den Kollegen als Großkönig an und bittet ihn, auf den Desperado einzuwirken. Pijamaradu solle sich doch in Hattusa einfinden, dann würde man den Konflikt sicher friedlich beilegen. Da konnte Hattusili lange warten.

Allmählich wird den Mykenern der Boden zu heiß in Milet, und sie suchen sich neue Ufer. Langfristig bietet sich ein Ort an den Dardanellen an, wo viel Bronze zu holen ist. Auf Hethitisch heißt er Wilusa, was nach den regionalen Lautverschiebungen zu Wilion wird. Als dann die Griechen das W in ihrer Sprache ausmerzen, wird Ilion daraus. Und das ist der andere Name für Troja. Alaksandu, der Herrscher von Wilusa, sieht die Mykener, sprich: das Unheil kommen und schließt mit Hatti einen Beistandspakt. Der Großkönig schreibt: »Du, Alaksandu, halte der Majestät huldvoll die Treue. So wie ich, die Majestät, dir, Alaksandu, in förderlicher Weise aufgrund des Wortes deines Vaters die Treue gehalten habe, dir zur Hilfe gekommen bin und deinetwegen den Feind geschlagen habe, werden künftig entsprechend deinem Sohn, Enkel und Urenkel meine Söhne und Enkel ebenso die Treue halten. Wenn sich irgendein Feind gegen dich erhebt, so werde ich, die Majestät, wie ich dich jetzt nicht im Stich gelassen habe, dich auch dann nicht im Stich lassen.«
Verfasser ist Muwattalli II., der um 1275 v. Chr. bei Kadesch die Ägypter schlägt. Als 50 Jahre später die Griechen schließlich Troja angreifen, ist Hatti mit seiner Macht am Ende und kann dem jetzigen Alaksandu, dessen zweiter Name Paris ist, nicht mehr helfen. Als sei es eine Folge des Trojanischen Krieges, gehen um 1200 v. Chr. gleich eine Reihe von Hochkulturen unter. In Kleinasien verschwinden das Großreich der Hethiter und der Stadtstaat der Trojaner. In Griechenland verfallen die mykenischen Burgen, und um die Kultur ist es für lange Zeit geschehen: 400 Jahre werden die Griechen keine Schrift haben. Im Vorderen Orient wird Ugarit zerstört und das reiche Zypern von den ominösen »Seevölkern« geschleift, wie die Angreifer von den Ägyptern getauft werden. Diese wilden Horden aus dem Norden stoppt das Heer des Pharaos im letzten Moment und schlägt sie in die Flucht. Die »Seevölker« wurden lang beschuldigt, auch Hattusa niedergemacht zu haben. Wer aber wirklich die hethitische Hauptstadt auf dem Gewissen hat, wird sich noch herausstellen.

DIE ERFINDUNG DES FRIEDENS Nichts liebt der Hethiter mehr als seine Sicherheit. Damit er keine Angst haben muß, strengen sich Staat und Stadt mächtig an. Wie in Hattusa, wo nachts die Stadttore nicht nur geschlossen, sondern auch noch versiegelt werden. So heißt es in den Anweisungen Arnuwandas I. an den Bürgermeister: »Wenn morgens sie des Tores kupferne Riegelstangen heben, du deinen Sohn oder Diener zum Öffnen geschickt hast, wenn sich am Tor das Siegel wendet, so sollen danach ein Herr von Hattusa oder ein kommandierender Offizier oder welcher Herr sonst eingeteilt ist gemeinsam das Siegel am Tor überprüfen und entsprechend das Tor öffnen. Die kupfernen Riegelstangen aber sollen sie zurück in dein Haus tragen und an ihrer Stelle deponieren.«

Friedensvertrag zwischen Hatti und Ägypten. Die hethitische Kopie in Keilschrift.

Auch die Grenzen will man doppelt sichern. Um Puffer zwischen sich und dem Feind zu haben, muß Hatti die Nachbarländer an sich binden. Wenn das nicht im Guten geht, werden die Hethiter zu Kämpfern. Fürs Staatswohl schwingen sie sich in die Streitwagen und greifen auch zum Sichelschwert. Sie bevorzugen jedoch andere Mittel, ein Land zu erobern. Als Hattis Geheimwaffe erweist sich der Griffel. Sie bombardieren die Anrainer mit Briefen, schreiben sie mürbe und wickeln sie schließlich mit Worten ein. Tuthalija I. hat Sunnassura, Herrscher von Kizzuwadna, schon überredet: »Die Hurriter nennen Sunnassura einen Diener – nun aber habe ich, die Majestät, ihn zu einem wirklichen König gemacht. Sunnassura soll vor die Majestät treten, er soll das Angesicht der Majestät sehen. Sobald er vor die Majestät tritt, sollen sich die Großen der Majestät von ihren Plätzen erheben, keiner soll seinetwegen sitzen bleiben.« Der Titel und das Mehr an Ehrerbietung sind es wohl wert, die staatliche Souveränität aufzugeben. Sunnassura unterschreibt. Im Beitrittspakt resümiert Tuthalija despektierlich: »Jetzt gehört das Land Kizzuwadna zu Hattusa: Das Vieh hat seinen Stall gewählt.«

Weil Hattis Spione nicht Truppenstärken, sondern die Schwächen der Nachbarn ausspähen, sind unblutige Übernahmen an der Tagesordnung. Meist aus Eitelkeit werden eigenständige Regenten zu Verbündeten. Suppiluliuma I.

Ein Mann aus Stein hält die Wacht. Figur am Torweg von Karatepe aus dem 8. Jahrhundert v. Chr.

ködert den König von Hajasa mit einer Einheirat und der Zusicherung höherer Publicity: »Ich habe dich Hattusa und seinen Bewohnern huldvoll vorgestellt und dir meine Schwester zur Ehefrau gegeben. So hat das ganze Land Hattusa, das Land Hajasa und alle auswärtigen und inneren Länder von dir vernommen.«

Streiten sich zwei um die Krone in einem Nachbarland, verhelfen die Hethiter dem auf den Thron, der ihnen ewige Bündnistreue schwört. Mursili II. erinnert den Herrscher des Seha-Fluß-Landes an seine Verpflichtung: »Und so suchten deine Brüder mehrfach dich zu töten. Sie hätten dich getötet, doch du entkamst. Sie vertrieben dich aus Seha, so daß du zu den Karkisäern hinübergingst.« Worauf sich der hethitische König einschaltete und »den Karkisäern mehrfach Geschenksendungen sandte«. Auch hatte er vorgesprochen, »daß die Karkisäer dich auf unser Wort hin schützten«. Der verräterische Bruder wird abgesetzt, und schon ist der Herrscher von Hatti schriftlich zur Stelle und hebt hervor, daß »die Sehäer dich auf unser Wort wieder hereinließen und dich auf unser Wort hin schützten«. Mit Hattis Hilfe wird der

Angesprochene Regent, und der Großkönig gibt sich berechnend großzügig. »Siehe, hiermit gebe ich dir Seha und das Land Appawija, und es soll dein Land sein. So schütze es! Darüber hinaus begehre keinen Einwohner von Hattusa, kein Gebiet von Hattusa. Wenn du einen Bewohner und ein Gebiet von Hattusa in übler Weise begehrst, so brichst du den Eid.«

Die Götter führt man ins Feld, auf daß die Alliierten spuren. Die Hethiter berufen sich auf die Himmelsmacht, um ihre irdische zu sichern. Tausend Allmächtige sind denn die Zeugen, wenn ein Vertragswerk zur Unterschrift ansteht. »Nun siehe, in dieser Sache habe ich die 1000 Götter zur Versammlung einberufen«, läßt Suppiluliuma I. verkünden. Sollte einer sich nicht an die Abmachung halten, werden die Götter auf ihn losgelassen: »Wenn du die Worte brichst, so sollen diese tausend Götter dich samt deiner Person, deiner Gemahlin, deinen Söhnen, deinen Ländern, deinen Städten, deinem Weingarten, deinem Dreschplatz, deinem Großvieh, deinem Kleinvieh und deiner Habe vernichten und deinen Samen von der dunklen Erde tilgen.«

Damit die Vasallen ihre Bündnistreue nicht vergessen, wird ihnen das Vertrag-Repetieren verordnet. Muwattalli II. an Alaksandu von Troja: »Ferner soll man dir diese Tafel, die ich dir, Alaksandu, ausgestellt habe, Jahr für Jahr dreimal vorlesen, damit du mit ihr vertraut bist. Dieser Wortlaut beruht indes nicht auf Gegenseitigkeit, er geht vom Lande Hatti aus. So unternimm du, Alaksandu, nichts Nachteiliges gegen die Majestät. Dir indes wird Hattusa Nachteiliges nicht zufügen.« Manchmal wird mehr verlangt, als nur den Vertragstext auswendig zu lernen. Im Beistandspakt mit dem Herrn von Amurru fordert Mursili II.: »Nachdem ich, die Majestät, mich also aufgrund des Wortes deines Vaters um dich gekümmert und dich in die Stellung deines Vaters eingesetzt habe, siehe, vereidige ich dich hiermit auf den König des Landes Hattusa, auf das Land Hattusa und auf meine Söhne und meine Enkel. Für die Majestät und für das Land Hattusa sei eine Hilfstruppe.«

Die Satellitenstaaten sind dazu da, einen Kordon rund ums hethitische Reich zu schaffen. Damit ihn der Feind nicht durchbrechen kann, wird vom Bündnispartner äußerste Wachsamkeit gefordert. Mursili II. im Staatsvertrag mit dem Herrscher von Haballa: »Wenn irgendein Feind mobil macht und gegen diejenigen Grenzen des Landes, das ich dir gegeben habe, dessen Grenze darüber hinaus gleichwohl dem Lande Hattusa gehört, zieht, um anzugreifen, und du davon hörst, doch an den Herrn, der drinnen im Lande ist, nicht vorher schreibst und du nicht Hilfe leistest, sondern gegen die Gefahr gar nachsichtig bist, oder wenn der Feind angreift und sich behauptet, du aber nicht von vornherein gegen ihn Hilfe leistest und den Feind nicht bekämpfst oder wenn der Feind dein Land durchquert, du ihn aber nicht bekämpfst, sondern gar folgendermaßen sprichst: ›Greif ruhig an und führ es durch; ich will gleichwohl nichts wissen!‹, siehe, so brichst du auch damit den Eid.«

Das Sicherheitsbedürfnis ist gestillt, als schließlich Meere zwischen Hatti und dem Feind liegen. Das Schwarze Meer im Norden, im Westen und Süden das Mittelmeer; und im Südosten reicht das Reich zeitweise bis fast an den Persischen Golf heran. Die Hethiter herrschen nun über ganz Kleinasien und weite Teile des Zweistromlandes. Sie sind auf dem Höhepunkt ihrer Macht, als sie mit Ägypten 1259 v. Chr. den Großen Frieden schließen.

Da die Hethiter die Friedensbedingungen formulieren, ist deutlich ein anderer Ton herauszuhören. Anders als den Orientalen ist ihnen Unversöhnlichkeit fremd, und sie halten nichts von Demütigungen, die im Nahen Osten bis heute gang und gäbe sind. Weil sie den Frieden lieben,

steht in der Präambel: »Was die Beziehung angeht zwischen dem Großkönig von Ägypten und dem Großkönig von Hatti, so hat die höchste Gottheit mit diesem Vertrag für alle Zeiten verboten, daß Krieg zwischen ihnen entsteht.«
Die Anatolier bringen in den Friedensvertrag ein humanes Auslieferungsverfahren für Flüchtlinge ein. Nach über 3260 Jahren ist es immer noch so aktuell, daß es sich die UNO hinter die Ohren und an die Wand ihres Hauptgebäudes in New York geschrieben hat. In Keilschrift, denn es ist die hethitische Kopie der Paragraphen 11 bis 16: Auslieferung politischer Flüchtlinge, 17 und 18: Amnestie für ausgelieferte Flüchtlinge sowie 19 und 20: Begründung für die Auslieferung von Flüchtlingen. So heißt es im Vertrag: »Wenn ein Mensch aus dem Lande Ägypten flieht, oder zwei oder drei, und sie zu dem Großkönig von Hatti kommen, so soll der sie ergreifen und sie wieder zum Großkönig von Ägypten bringen lassen. Was aber den Menschen angeht, so soll man ihm sein Vergehen nicht anrechnen, man soll sein Haus, seine Frau, seine Kinder nicht vernichten, ihn selbst nicht vernichten, seine Augen, Ohren, seinen Mund und seine Füße nicht verstümmeln. Man soll ihm überhaupt kein Vergehen anrechnen.«
Als alle unterschrieben hatten, der Pharao, der Großkönig und die Großkönigin, alle drei die Vertragskopien in Silber nach Hause getragen hatten, da herrschte dann im Morgenland wunderbare 70 Jahre lang Frieden.

AUF INS PARLAMENT, SOLDATEN! Im Inneren haben die Hethiter schon lange zuvor für geregelte Verhältnisse gesorgt. Bereits Telipinu erläßt eine Verfassung, die erste der Weltgeschichte. Und das um 1500 v. Chr., als jeder andere König völlig gesetzlos regiert. Sie berufen sich darauf, daß ihr Handeln – so wüst es auch sein mag – immer gottgewollt ist. Und jetzt gibt es plötzlich Regeln, die dem Großkönig Wohlverhalten gebieten. Fünfzig Gebote, die er zu befolgen hat.

In der Präambel führt Telipinu aus, warum es gerade jetzt eines Grundgesetzes bedarf. Früher habe man keines gebraucht, denn zu Hattis Urzeiten war alles besser und wunderbar. Damals war sich die königliche Großfamilie immer einig und niemand wäre einem Verwandten in den Rücken gefallen. Zusammen war man stark, was sich in gelungenen Eroberungen zeigte. Doch irgendwann schlich sich der Zwist ein. Streit folgte auf Streit, Mord auf Mord, und nun geht es im Herrscherhaus drunter und drüber. Der Willkür in der königlichen Familie muß ein Riegel beziehungsweise Regelwerk vorgeschoben werden. »So berief ich, Telipinu, in Hattusa die Versammlung ein: Von jetzt an soll niemand ein Sippenmitglied unbillig behandeln, so daß es gegen ihn das Schwert zückt!«

Wer beim Regieren an die Reihe kommt, verfügt er in Paragraph 28, damit die Auseinandersetzungen um den Thron ein Ende haben. Der amtierende König schlägt seinen Nachfolger vor, muß sich aber an folgende Bestimmungen halten: Nicht mehr jeder x-beliebige Verwandte, son-

Hethiter marschieren auf.

Am Löwen sollt ihr Hattis Burgen erkennen.

dern nur ein Sohn der Großkönigin soll der Kronprinz werden. Hat die Hauptgattin keinen Stammhalter, darf es schon mal der Sohn einer Nebenfrau sein. So sein Nachwuchs nur aus Töchtern besteht, kann der Herrscher dem Ehemann einer Prinzessin das Zepter übergeben, auch wenn sein Schwiegersohn ein Ausländer ist. Ramses II. wäre also völlig legal Großkönig von Hatti geworden, hätte Hattusili keine Söhne gehabt.

Sitzt dann der Richtige auf dem Thron, bürdet ihm die Verfassung noch weitere Ämter auf: Er ist nicht nur der höchste Repräsentant des hethitischen Reiches, sondern auch der oberste Priester und Oberkommandierende der Streitkräfte. Die Frau an seiner Seite ist Großkönigin, so nicht noch eine lebt. Sie fungiert als Hohepriesterin und als Außenministerin. Neben dem Großkönig kümmert sie sich um die diplomatische Korrespondenz und unterzeichnet Staatsverträge.

Dem königlichen Paar schaut der Bangus auf die Finger. Die Reichsversammlung muß dem zustimmen, was die Herrscher anordnen. Im Parlament Hattusas sitzen neben königlichen Verwandten die Vertreter des Militärs – die auch zur Sippe des Königs gehören, damit man ihnen überhaupt trauen kann. Soldaten, die zu Wortgefechten abkommandiert worden sind: der Große der Gardetruppen zur Rechten, der Große der Gardetruppen zur Linken, der Große der Wagenlenker, der Große der Leibgarde und der Vorsteher der Goldenen Streitwagenkämpfer. Zur richtigen Geisteshaltung der Abgeordneten gibt es eine Verordnung von Tuthalija I.: »Ihr Herren, die ihr Fußtruppen, Streitwagengespanne und Grenzmarken ver-

waltet. Wie ihr an euren Körpergliedern, an euren Ehefrauen, euren Kindern und euren Haushalten Interesse hegt, hegt ebenso am Staatsamt Interesse und übt es korrekt aus!«
Staatsdiener sind auch viele der Schloßbediensteten. Im Bangus mischen mit: der Große der Weinleute, der Große der Köche, der Große der Mundschenke und der Herr des Magazins. Dazu noch die Abgesandten des Büropersonals: der Große der Holztafelschreiber und der Große der Schreiber. Weiter sind im Parlament vertreten: der Große der Hirten zur Rechten und der Große der Hirten zur Linken – was nicht die politische Richtung ausdrückt, sondern die geographische zu ihren Weiden –, dann noch der Vorsteher der Tausend des Feldes und der Vorsteher der Truppeninspektoren.
Alle, die im Bangus versammelt sind, verleihen dem Großkönig die Macht, kontrollieren ihn aber auch und sitzen über ihn zu Gericht, so er sich schändlich benommen hat. Sollte er gegen das Thronfolgegesetz verstoßen haben, können sie ihn sogar zum Tode verurteilen. Die Gemeinschaft redet ein Wort bei Staatsverträgen mit und kann auch den vorgeschlagenen Thronfolger ablehnen. Weil man auf die Methode der Abstimmung noch nicht gekommen ist, müssen sich die Großen einigen, auch wenn es Tage und Monate dauert. Sind es auch mehr oder minder die Mitglieder der königlichen Sippe, die im Bangus debattieren, so ist ein solches Forum in dieser Frühzeit einzigartig.
Telipinus Grundgesetze beinhalten weiter Bestimmungen zum Schutz und der Wasserversorgung befestigter Städte und zur Organisation der wirtschaftlichen Versorgung wichtiger Orte. Weiter belehren sie den Regenten, wie verantwortliches Verhalten gegenüber der Bevölkerung auszusehen hat.
Mitten im Morgenland halten die Hethiter an einer unorientalischen Sichtweise fest. So vertreten sie in ihrer Rechtsprechung nicht das Auge-um-Auge- und Zahn-um-Zahn-Prinzip. Statt auf Rache setzen sie auf Wiedergutmachung: »Wenn jemand einem freien Mann die Nase abbeißt, dann gibt es eine Mine Silber,« heißt es im Gesetzestext. Ob eine untreue Frau verurteilt wird, hängt vom Locus delicti ab. Geschah es in den Bergen, geht sie straffrei aus. Einer Ehebrecherin wird nur dann der Prozeß gemacht, wenn man sie im Haus erwischt. Freiwillig – so wohl die Anschauung der hethitischen Richter – wäre doch eine Frau für ein Beilager im Freien nicht zu haben gewesen.
Hattusili II. rügt seinen babylonischen Amtskollegen ob der barbarischen Sitten in dessen Land und klärt ihn auf, was in Hatti rechtens ist: »Was betrifft, daß du mir wie folgt schreibst: Kaufleute von mir hat man im Land Amurru und im Land Ugaritta getötet. Im Land Hattusa tötet man keinen Menschen! Wenn man im Land Hattusa einen Menschen tötet oder der König davon hört, verfährt man in der Sache so: Man nimmt den Mörder des Menschen vielmehr fest, damit er dem Verwandten des Ermordeten drei Minen Silber als Ersatz für den Ermordeten gibt. Wenn ein Verbrecher gegen den König ein Verbrechen begeht, verbannt man ihn in ein anderes Land. Töten als Strafe ist nicht geltendes Recht.«
Und da ist noch ein Paragraph. Die Nummer 50 und der letzte in Telipinus großem Grundgesetz: Das Verbot der Zauberei.

Unvorhergesehenes mag der Hethiter nicht. Er denkt alle möglichen Katastrophen an, daß ihn keine unerwartet trifft. Überraschungen sind für ihn böse, also setzt er alles dran, keine zu erleben. Im großen und ganzen vertraut er auf die Götter, im kleinen auf Knigge. Benimmregeln geben ihm die Sicherheit, für alle Eventualitäten gerüstet zu sein.

Aus dem Handbuch für Leibwächter: »Sobald der König aus dem Wagen herabgestiegen ist, wenn dann der Oberste der Leibwächter bereitsteht, so verneigt sich der Oberste der Leibwächter und überläßt den König dann dem Obersten der Pagen. Wenn sich aber irgendein anderer Würdenträger bereitgestellt hat – wer dann von den Obersten vorn steht, der verneigt sich. Wenn sich aber kein großer Herr bereitgestellt hat, so verneigt sich jener Leibwächter, der gerade dasteht, auch wenn er dann vom Wagen weg irgendwohin geht und den König nicht begleitet. Und sobald der König vom Wagen herabgestiegen ist, verneigt sich der Oberste der Leibwächter mit den Leibwächtern hinter dem König her.«

Selbst privateste Angelegenheiten sind genau geregelt, beispielsweise was einer tun muß, wenn er mal muß: »Wenn jemand von den Leibwächtern die Harnblase drückt, dann sagt er es einem anderen weiter, und es gelangt der Wunsch vor den Obersten der Leibwächter: Er will mal austreten. Wenn dann der Oberste der Leibwächter spricht: Er soll gehen! und jener Leibwächter will gerade austreten, doch die Majestät kontrolliert gerade, und die Angelegenheit des Urinierens gelangt in den Palast, so darf er bei seinem Leben nicht austreten.«

Die Hethiter wollen sich auch in puncto Zukunft versichern, wissen, was sie erwartet. Was heute in den Sternen steht, stand damals in der Leber. Diese Art von Vorschau haben sich die Hethiter von den Babyloniern abgeguckt. Eingeweihte sind die Eingeweide-Priester, die vor dem Festessen die Leber der Opfertiere begutachten. Im blutigen Organ sehen sie die Zukunft der Bitt- und Fragesteller. Die Spuren von Leberegeln, Finnen und Bandwürmern ergaben ein positives oder negatives Muster, also ein Ja oder Nein auf die zuvor gestellte Frage.

Die Hethiter nahmen den Blick in die Leber ernst. »Jetzt aber möge mein Gott mir von ganzem Herzen seinen Wunsch und seinen Willen eröffnen. Möge er mir meine Verfehlung benennen, damit ich sie anerkennen kann. Entweder möge mein Gott in einem Traum zu mir sprechen; mein Gott möge mir seinen Wunsch eröffnen, mir meine Verfehlung benennen, damit ich sie anerkennen kann! Oder die Seherin möge zu mir sprechen, oder der Opferschauer möge aus der Leber lesend zu mir sprechen.«

Aber ein echter Hethiter sichert sich mehrfach ab. Neben dem Leberdeuter wird die weise Frau gebeten, in ihre Hilfsmittel zu schauen: Knöchelchen und Lose, die der Fragesteller werfen oder ziehen muß. Im Tarot der Hethiter finden sich Begriffe wie »Richtigkeit«, »Kleine Krankheit«, »Gutes«, »Groll der Götter« und »Sonnengott des Himmels«. Wie die wohl zusammengewürfelt wurden?

Auch aus dem Flug der Vögel konnte man herauslesen, was die Zukunft bringt. Daraus werden aber nur die Vogelschauer schlau: »Die Vögel der ›Bewegung‹ flogen auf: Als erster flog ein marassi-Vogel hinten herab, ein allija-Vogel flog hinten herab, seinem Genossen begegnete er unter.« Ein Hethiter wird hoffentlich verstanden haben, was das wirre Geflatter aussagte.

Der ganz legale Wasserzauber. Kultkammer mit heiliger Quelle in Hattusa.

Standen wichtige Entscheidungen an, befragte der Großkönig sämtliche Orakel: »Nachdem ich mir diese Sachlage vergegenwärtigt hatte, machte ich für Nuwanza, den Großen des Weines, mit Vogel- und Fleischvorzeichen eine Anfrage, und es wurde ihm das Ergebnis durch Vogel- und Fleischvorzeichen festgestellt.«

Das Verbot der Zauberei in Telipinus Verfassung betrifft das Verhexen. Seit alters her ist in Hatti eine Art Voodoo Brauch, um böse Zungen oder den bösen Blick zu bannen. Wem ein Leiden aufgeschwatzt oder angeguckt worden ist, der wendet sich an die weise Frau. Die legt nun nicht dem Hilfesuchenden, sondern einer Puppe die Hand auf. Geht sein Abbild schließlich in Flammen auf, ist der Mensch wieder heil und rein. Mitunter wirkt schon mal ein Pudel als Zaubergeselle und -doktor: »Wie ein Hündchen seine neun Körperteile ableckt, so soll es auch die Krankheit von dessen Körperteilen ablecken.«

Die Figürchen werden aber auch hergenommen – und das war streng verboten –, um der Rivalin oder dem reicheren Nachbarn die Pest an den Hals zu wünschen. Der Schadenszauber ist bei Strafe untersagt, wird aber immer wieder praktiziert, und vor allem im Großkönigshaus. Tuthalija I. heuert alle weisen Frauen des Reiches an, um seine Schwester zu verhexen. Sie soll – so die schwache Begründung – ihrer Schwägerin und den Neffen Böses gewollt haben. Mursili II. strengt hochoffiziell einen Prozeß gegen die Königinwitwe Tawananna an, weil die erst seine Gattin verhext und dann per Zauber getötet haben soll. Das Gericht schließt sich der Meinung des Großkönigs an.

Wer als böser Hexer gilt, kann sich in Hatti nicht mehr blicken lassen. Als Hattusili II. sich die Krone erputscht, will er die Untat schleunigst vertuschen. Er bezichtigt seinen Vorgänger der Zauberei und macht damit dessen Rückkehr auf immer unmöglich. Dabei hat sich Hattusili die berüchtigtste aller Zauberinnen ins Schloß geholt: seine Gattin Puduhepa.

DER GLAUBE AN TAUSEND GÖTTER

Ein Gott ist gut, viele sind besser. Wer so auf Sicherheit aus ist wie die Hethiter, braucht unbedingt tausend Götter. Um das Wohlwollens des ganzen Himmels zu ergattern und die gebündelte Allmacht hinter sich zu haben.

Fast scheint es so, als hätten sie gottlos ihre neue Heimat betreten, denn sie übernehmen mit den hattischen Namen auch die einheimischen Götter. Der Oberste in ihrem Pantheon ist – wie überall, wo man um Regen beten muß – der Wettergott. Er vollbringt ja das Wunder, den Menschen Nahrung erwachsen zu lassen und sie satt zu machen. Auch im zentralen Anatolien ist es von größter Wichtigkeit, daß der Regen zur richtigen Zeit fällt und die Ernte nicht verhagelt. Also betet man in Hatti: »Wettergott, mein Herr! Erzeuge viele Regengüsse und sättige die dunkle Erde, und es soll, Wettergott, das Getreide für Brot gedeihen.« Weil das Korn auch die Sonne zum Wachsen braucht, rangiert die Sonnengöttin an zweiter Stelle. Die von Arinna ist für die Hethiter die Höchste, und mit ihr wird auch anderes als das Wetter besprochen: »Du, Sonnengöttin von Arinna, bist eine angesehene Gottheit. Dein Name ist unter den Namen angesehen. Deine Göttlichkeit ist unter den Göttern angesehen. Groß auch bist du, Sonnengöttin von Arinna. Es gibt keine andere Gottheit, mehr angesehen und größer als du. Gerechten Gerichts Herrin bist du. Über Himmel und Erde übst du gnädig die Königsherrschaft aus. Der Länder Grenzen setzt du. Die Klagen erhörst du. Du, Sonnengöttin von Arinna, bist eine milde Gottheit, du. Milde übst du. Der begnadete Mann ist dir, Sonnengöttin von Arinna, lieb. Ihm gewährst du, Sonnengöttin von Arinna, Verzeihung. Im Rund von Himmel und Erde bist du, Sonnengöttin von Arinna, die Leuchte. In den Ländern bist du die gefeierte Gottheit. Jedes Landes Vater und Mutter bist du. Des Gerichts begnadete Herrin bist du. An der Stätte des Gerichts gibt es für dich kein Ermüden. Unter den uralt-ewigen Göttern bist du die Gefeierte. Den Göttern bereitest du, Sonnengöttin von Arinna, die Opferriten. Der uralt-ewigen Götter Anteil teilst du zu. Des Himmels Türe öffnen sie dir. Und du stößt auf des Himmels Tor und schreitest hindurch.«

Prozessionsweg zum Großen Tempel.

Mit der Kriegsbeute bringen die Hethiter dann aus jedem eroberten Land auch immer die fremden Kulte mit. Die importierten Götter behalten ihre Namen, auf daß sie ja richtig angerufen werden können. Als Mitanni Satellitenstaat wird, firmiert der Wettergott von da an unter seinem hurritischen Namen. Hurritisch spricht man auch in Kizzuwadna, wo Puduhepa herstammt. Die starke Großkönigin bringt es fertig, daß alle hethitischen Götter umgetauft werden und nun wie in ihrer Heimat heißen.

Bei so vielen Göttern häufen sich die Schöpfungsgeschichten. Eine Genesis lautet folgendermaßen: »Die Königin von Nesa gebar in einem einzigen Jahr 30 Söhne. Da sprach sie: ›Was habe ich

Die Überreste des Großen Tempels.

da Widernatürliches geboren!‹ Sie dichtete Körbe mit Fett ab, legte ihre Söhne hinein und ließ sie in den Fluß. Und der Fluß brachte sie zum Meer. Die Götter aber nahmen die Söhne aus dem Meer auf und zogen sie groß. Wie nun die Jahre vergingen, da gebar die Königin wieder, und zwar 30 Töchter. Die zog sie selbst groß.« Wie ist die Ablehnung zu verstehen, als sie ihre Söhne betrachtet? Etwa als Geburtsstunde der Männerfeindlichkeit? Vielleicht leiten ja Hattis Frauen ihre starke Stellung aus diesem Mythos ab. Leider bricht die Schrifttafel und damit die Geschichte just an der Stelle ab, als die 30 Söhne ihre 30 Schwestern freien wollen, der Jüngste aber den Inzest wittert.

Eine Legende schärft den Hethitern ein, wie wichtig die Wettergötter sind. Und daß Menschen wie Götter leiden, wenn nur einer versagt. Telipinu, der Gott der Ernte, läßt Hatti einmal im Stich: »Als Telipinu weggegangen war, da faßte Nebel die Fenster, Qualm faßte das Haus. Im Herd wurden die Scheite erstickt, an den Altären wurden die Götter erstickt. Im Pferch wurden die Schafe erstickt, im Stall wurden die Rinder erstickt. Das Schaf verweigerte sein Lamm, die Kuh verweigerte ihr Kalb. Da gedeihen Gerste und Emmer nicht mehr, da begatten sich die Rinder, Schafe und Menschen nicht mehr, und die, die trächtig sind, können nicht mehr gebären. Die Vegetation vertrocknete. Die Bäume vertrockneten und brachten keine Triebe hervor, die Weiden vertrockneten, die Quellen vertrockneten. Im Land entstand eine Hungersnot, so daß Menschen und Götter starben.«

Kriegsrat im Himmel. Der große Sonnengott hat ihn einberufen und lädt die Götter ein, die überlebt haben. »Sie aßen, aber sie wurden nicht satt, sie tranken, aber sie stillten nicht den Durst. Da wurde der Wettergott besorgt um Telipinu, seinen Sohn: ›Telipinu, mein Sohn, ist nicht hier. Er hatte einen Wutanfall und hat alles Gute mit sich genommen.‹ Die großen und kleinen Götter machten sich auf, den Telipinu zu suchen. Der Sonnengott entsandte den schnellen Adler: ›Geh und durchsuche die hohen Gebirge, durchsuche die tiefen Täler! Durchsuche die Wassertiefe!‹ Der Adler ging hin, aber er fand ihn nicht. Er brachte dem Wettergott die Botschaft zurück: ›Ich habe ihn nicht gefunden, den Telipinu, den edlen Gott.‹ Der Wettergott sprach zur Götterherrin: ›Was sollen wir tun? Wir werden verhungern!‹ Die Götterherrin sprach zum Wettergott: ›Tu was, Wettergott! Gehe und suche den Telipinu selbst!‹ Da machte sich der Wettergott auf, den Telipinu zu suchen. In seiner Stadt am Tore pochte er an, aber er ist nicht da und öffnet nicht. Er zerbrach seinen Riegel und sein Schloß, aber er hatte keinen Erfolg. Er gab es auf und ließ sich nieder, um zu ruhen.«

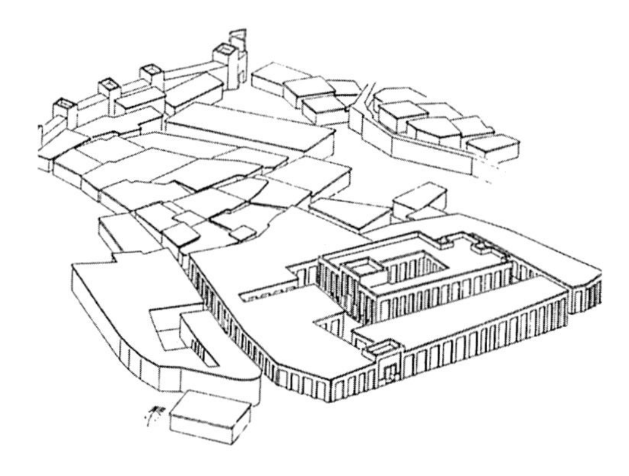

Oben: Grundriß des Großen Tempels. Unten: Rekonstruktion des Großen Tempels.

Jetzt nimmt die oberste Göttin die Suche selbst in die Hand und greift zu unkonventionellen Mitteln: »Aber die Götterherrin entsandte die Biene: ›Geh, such den Telipinu!‹ Der Sturmgott sagte zur Götterherrin: ›Die großen Götter und die kleinen Götter haben nach ihm gesucht und konnten ihn nicht finden, und diese Biene soll gehen und ihn finden? Ihre Flügel sind klein, selbst sie ist klein. Sollen sie zugeben müssen, daß die Biene größer ist als sie?‹ Die Götterherrin sprach zum Wettergott: ›Laß nur die Biene, sie wird gehen und ihn finden.‹ « Und die Götterherrin behält recht. Die Biene findet Telipinu, sticht ihn wach und alles wächst und mehret sich wieder.

In einer anderen Sage ist es die Schlange Illuyanka, die eine Klimakatastrophe verursacht. Sie beißt den Wettergott, der – nun völlig gelähmt – nicht mehr seinen Pflichten nachkommen kann. Eine katastrophale Dürre droht. Der Mensch Hupasiya muß es richten. Mit Hilfe der Götter veranstaltet er ein rauschendes Fest und füllt die Schlange samt ihrer Kinder ab. Hupasiya fesselt die Volltrunkene und mobilisiert den regungslosen Wettergott. Der kann sich aufraffen und schlägt die Schlange tot. Der Sieg des Wettergottes muß gefeiert werden, alle Jahre wieder mit dem Purullija-Fest, das wohl so etwas wie Neujahr ist. Mit Spiel, Tanz und Gesang läßt man die Geschichte wieder aufleben, nur daß sich statt der Schlange die Gäste ordentlich betrinken. Die Hethiter haben einen vollen Festkalender, in dem das zu Ehren des Krokus allein über einen Monat dauert. Als eine Art Marathon-Ostern wird es 38 Tage zelebriert, wobei der König ordentlich ins Schwitzen kommt. Er muß auf einer Rundreise durchs Reich zu allen Göttern pilgern.

Die Tausend wollen auch sonst verehrt sein, und selbst bei den Kulthandlungen überließen die Hethiter nichts dem Zufall. Jeder Schritt, jeder Kniefall, jeder Anruf, jede Opferung war genau festgelegt. Die Regieanweisungen für die Götterdienste füllten die Regale in Hattis Archiven. Zwei Drittel der bis dato gefundenen 30 000 Texte haben religiöse Inhalte. Wie die Feste gefeiert, die Umzüge ausstaffiert werden, ist Punkt für Punkt aufgelistet. Die Tempelverwaltung sorgte für die Verpflegung, stellte eigene Köche, Mundschenke und Tafeldecker. Teil der Prozession waren immer Priester, Weissager, Tänzer, Musikanten und Sänger. Welche Töne zu hören waren, verraten uns die Texte nicht. Die Instrumente sind aufgeführt: Mit

Leier, Laute, Trommeln, Horn und Flöte spielte man für die Götter auf. Die Tanzschritte sind nur bruchstückhaft übermittelt, aber es scheint sich um Reigen zu handeln, wie sie heute noch in der Türkei getrippelt werden. Zum Purullija-Fest warfen sich die Tänzer schon mal ins Fell. Mit Tiermasken stampften sie dann Jagdtänze.

Der weltliche Würdenträger mußte als oberster Priester bei allen Veranstaltungen zu Ehren der Götter mit dabei sein. Auch die Hochamtshandlungen waren präzise choreographiert: welchen Weg er wann einzuschlagen hatte, wo und was gebetet wurde und wie lange er in Andacht verweilen durfte. Essen mußten er und die Gläubigen ohne Ende, weil vom Opfertier viel für die Feiernden abfiel. Dem Wein wurde zugesprochen, doch ein besonderes Getränk war dem Großkönig vorbehalten. Zu dem Trinkzeremoniell heißt es: »Der König trinkt die Gottheit.« Keine Neuheit also, die 2000 Jahre später dann die Christen einführen.

Die Hethiter stehen mit den Göttern auf du und du und sagen ihnen schon mal unverblümt ihre Meinung. Wie Mursili II., der eher diskutiert, als daß er betet. Um 1300 v. Chr. hat er von einem Feldzug die Seuche eingeschleppt – die Pest, sagen die Forscher. Damit das Sterben in Hattusa ein Ende hat, wendet sich der Krankheitsüberträger an die Götter: »Hattischer Wettergott, mein Herr, und ihr Götter, die ihr meine Herren seid, es ist so: Man sündigt. Und auch mein Vater sündigte und übertrat das Wort des hattischen Wettergottes, meines Herrn. Ich aber habe in nichts gesündigt. Es ist so: Die Sünde des Vaters kommt über den Sohn. Auch über mich kam die Sünde meines Vaters. Und weil ich nun die Sünde meines Vaters gestanden habe, soll sich dem hattischen Wettergott, meinem Herrn, und den Göttern, die meine Herren sind, der Sinn

Torschwellen im Tempel-Areal.

wieder besänftigen. Seid mir wieder freundlich gesinnt und jagt die Seuche wieder aus dem Land Hatti hinaus. Blutschuld hat das Land Hatti zugrunde gerichtet. Hatti hat bereits gebüßt. Weil sie jetzt auch über mich kam, so will ich sie samt meiner Familie durch Ersatz und Sühne ableisten. Seid mir, ihr Götter, die ihr meine Herren seid, wieder wohlgesinnt. Aus dem Herzen die Pein verjagt mir, aus der Seele die Angst nehmt mir.« Ein Großkönig erfindet die Erbsünde.

Vielleicht hatte Mursili einfach nicht genügend geopfert. Die Götter und die Hüter ihrer Häuser wollten geschmiert sein. Dargebracht werden konnte alles. Nahrungsmittel, meist kostbare wie Honig, Wildbret, Bier und Wein. Die Gaben wurden erst auf dem Altar gestapelt, danach in den Magazinen der Tempel. Im Sonntagsstaat hatte man vor die Götter zu treten, und ein Vollbad konnte auch nicht schaden: »Ist das Wesen von Menschen und Göttern etwa verschieden? Nein, ihr Wesen ist genau dasselbe. Wenn ein Knecht vor seinem Herrn steht, ist er gewaschen und trägt reine Kleider. Und entweder gibt er dem Herrn etwas zu essen, oder er gibt ihm etwas zu trinken. Und er, sein Herr, ißt und trinkt, und er ist zufrieden in seinem Gemüt und wohlgesonnen ihm gegenüber. Wenn er, der Knecht, aber nachlässig und unaufmerksam ist, dann ändert sich das Verhältnis ihm gegenüber.«

Eine Drohung, die wohl wirkte. Übertrieben hat das Opfern angeblich Mursili III. Weil dieser Großkönig auf wackligem Thron saß, wollte er wenigstens die Götter hinter sich wissen. Doch mit seinen Schenkungen scheint er das Reich fast in den Ruin getrieben zu haben. Das behauptet jedenfalls Puduhepa, Gattin jenes Mannes, der stärker als die bestochenen Götter war und Mursili vom Thron stieß. Noch ein Versuch, Hattusilis Putsch zu legitimieren.

KULTPALAST UND KRÖNUNGSDOM

Kurt Bittel hat die Trümmer in der Unterstadt nicht aus den Augen verloren. Wie auch, fiel doch sein Blick vom Burgberg direkt auf das Riesenareal, das Steinkolonnen abstecken. Auch die Bedeutung des Baus muß sehr groß gewesen sein, denn Winckler entdeckte hier Unmengen von Schrifttafeln. Als Bittel mit dem Palast auf dem Büyükkale fertig ist, findet er im Tal noch einen: die Residenz der himmlischen Herrscher. In Hatti waren die Vorzeiten vorbei, in denen man die Götter im Berg, Baum oder Wasser anbetete. Sicher fing man in Hattusa auch einmal mit einem kleinen Heiligtum an, doch in der Großreichszeit wird der zentrale Tempel riesig. Mit Wohntrakt und Magazinen nimmt er 14 500 Quadratmeter in Beschlag. Ein Fünftel der Fläche ist dem eigentlichen Tempel vorbehalten, dessen heilige Hallen sich um einen Innenhof gruppieren. Den Altar hat man hier draußen in eine Ecke gerückt. Die dreigeschossigen Magazine in der Nachbarschaft stellen das nur einstöckige Götterhaus in den Schatten. Der Tempel hat wahre Schaufenster, die bis auf den Boden reichen. Der Zugang ist acht Meter breit und bringt die Gläubigen über edle Platten direkt ins Allerheiligste. Das Baumaterial ist ohnehin vom Feinsten. So sind die Mauern zum Teil aus Gabbro, einem massigen und körnigen Tiefengestein, das zwar schwer zu bearbeiten, aber wunderschön dunkelgrün ist. Wer in dem Tempel wohnte, darüber schweigen sich die sonst so geschwätzigen Hethiter aus. Da er aber zwei Kulträume hat, war er wahrscheinlich dem Wettergott und der Sonnengöttin von Arinna geweiht.

Tempelmagazine mit eingelassenen Vorrats-Amphoren.

Der Große Tempel ist groß wegen seiner Wirtschaftstrakte. Die Treppenhäuser der umliegenden Gebäude zeigen an, daß es zwei und drei Stockwerke hinauf ging. Man brauchte ja ausreichend Platz für die Opfergaben, und die Legion der Gottesdienstleistenden mußte auch untergebracht werden. In den 200 Hallen der Lagerhochhäuser stapelten sich die Spenden; in weiteren 82 Räumen arbeitete das Personal. Zum Beispiel die Buchhalter, die all die Weihegeschenke zu registrieren und zu verwalten hatten. In den Schreibstuben wirkten die Ton- und die Holztafelschreiber. Die einen kratzten grobe Inventarlisten, die anderen malten feine Schreiben und Gebete. Nur die Texte auf Ton haben die Jahrtausende überdauert. In den Werkstätten entstanden neue Statuen, und die alten wurden auf Hochglanz poliert. Es gab Übungssäle für die Tempeltänzer und das Kasino für die Priester. Zum Tempelpersonal gehörten weiter die »Bauern der Gottheit«, die für das tägliche Brot und das Gemüse sorgten; die »Groß- und Kleinviehhirten der Gottheit« lieferten die Braten. In der Tempelküche wurden die Festgäste bewirtet und der Belegschaft kein minder gutes Essen vorgesetzt. Vorhoffeger, Töpfer und Rohrflechter standen auch auf der Gehaltliste des Tempels. Ein Konzern, der den Kult verwaltete. Er stellt immer mehr Leute ein, so daß bald angebaut werden muß: ein Wohnblock, 5300 Quadratmeter groß. Die Bewohnerliste führt auf: »Insgesamt 208 Angehörige, davon 18 Priester, 29 Musikantinnen, 19 Tafelschreiber, 33 Holztafelschreiber, 35 Wahrsagepriester, 10 Sänger auf Hurritisch«, und da bricht der Tontext leider ab.

Im Krönungsdom von Yazilikaya lassen sich die Götter sehen. Im himmlischen Ornat marschieren sie an der Felswand entlang.

Wie schon zuvor im weltlichen Palast, findet Kurt Bittel im Tempel so gut wie nichts. Nur tönerne Hinterlassenschaften, die keiner fortschleppen wollte und konnte. Tief eingelassen in der Erde Hunderte von riesigen Amphoren, die bis zu 1759 Liter fassen. Nicht nur Öl, Bier und Wein wurden in ihnen aufbewahrt. Außen ist eingeritzt, was sie sonst noch bargen: Getreide, Linsen, Nüsse und getrocknete Früchte. Doch nicht das kleinste Körnchen ist mehr drin, als die tönernen Tonnen freigelegt werden. Im Wohnheim kommen noch 110 dieser gigantischen Vorratsgefäße zum Vorschein. Den größten Fund aber machte Winckler bereits im Jahr 1907: eine riesige Keilschriftsammlung, in der man wenigstens nachlesen kann, was einem entgangen ist: »Wettergott des Himmels, Statuette eines Mannes, goldbelegt, sitzend. In der rechten Hand hält er eine Keule, in der linken Hand das Heilssymbol aus Gold. Unter ihm ein Sockel aus Silber.«

Die Statuen in Hattis Krönungsdom konnten nicht weggeschleppt werden. Fest mit dem Stein verbunden, laufen sie als Reliefs an der Felswand entlang. Nicht nur zwei Göttern, wie im Großen Tempel, wurde hier gehuldigt. Draußen vor der Stadt sind weit mehr versammelt. Zwar nicht alle tausend, aber an die 80 werden im Hausberg aufgeboten. Eine mächtige Kulisse für besondere Anlässe. Die Archäologen vermuten denn auch, daß hier die Großkönige gekrönt wurden.

Für die Krone mußte der künftige König weit laufen: anderthalb Kilometer von Hattusas Unterstadt bis zu einem Steinmassiv im Nordosten. Hier haben Flüsse natürliche Gänge geschaffen und sich bis zu zwölf Meter tief in den Kalkstein eingefressen. Mitunter erweitern sich die schmalen Schluchten zu Kammern. Yazilikaya, der »beschriebene Fels«, der auch den allerersten Entdecker bekehrte und Texier dazu brachte, sich Hattusa näher anzusehen. Zu Bronzezeiten konnte man aber nicht ohne weiteres das Open-Air-Heiligtum betreten, denn da hatten die Hethiter vorgebaut: einen Eingangsbereich mit Hof und diversen Räumen, die sicher der Einstimmung dienten.

Oben: Das Yazilikaya Ilse Bittels. Das Felsheiligtum aus ihrer Sicht.

Unten: Becken im Tempelbezirk. Für Trankopfer? Rituelle Waschungen? Taufen?

Ein Gläubiger steht auf der Schwelle zum Krönungsdom. Es ist ein junger Mann aus Hattusa, und er besucht zum ersten Mal das Nationalheiligtum. Im Entree hat er sein Opfer abgegeben und sich einer besonderen Reinigung unterzogen. Er hat sich gesalbt, er hat sich geölt, er hat sich festlich angekleidet. Im

Geist geht er noch einmal alle Anrufungen durch. Er weiß, welche Götter ihn erwarten. Was ihn wirklich erwartet, weiß er nicht. Zögernd betritt er die Kammer A, und als er sich an das Dämmer gewöhnt hat, bleibt ihm die Luft weg. Düstere Gestalten treten aus der Felswand heraus. Linker Hand marschieren 41 Götter auf. Bis auf ein paar Abweichler sind sie uniform gekleidet, tragen unter Jacke mit Schoß einen kurzen Rock, Schnabelschuhe und als Heiligenschein einen hohen Hut mit abgerundeter Spitze, wie ihn Jahrtausende später der Harlekin verweltlicht. Der Sonnengott hat sich in einen Kutschermantel gehüllt, und die Berggötter tragen Schuppenröcke. Alle halten das Sichelschwert und bewegen sich im Gleichschritt auf das Rückwan der Kammer zu, wo der Wettergott thront. Die Göttin Sauska darf mit zwei Dienerinnen auf die Männerseite, weil sie neben der Liebe auch für den Krieg zuständig ist.

Oben: Blick auf den Großen Tempel mit dem Dorf Boghazköy im Hintergrund.

Unten: Der Diorit im Tempelhof. Ein selten schöner und grüner Stein, der den Hethitern sicher heilig war.

Der Hethiter wendet sich mit Schrecken und Ehrfurcht nach rechts. Da laufen vor ihm die Göttinnen weg. 22 lassen sich noch erkennen, die aufwendiger als die Männerphalanx gekleidet sind. Langer Faltenrock, plissierter Zylinder, die Haare sind zu einem Zopf geflochten, und sie tragen Ohrringe. Als Göttin der Liebe ist Sauska auch auf der Frauenseite vertreten. Die Prozession zielt ebenfalls auf die Stirnseite, wo neben dem Wettergott die Sonnengöttin aufragt.

Der junge Hethiter hat noch nicht genug gestaunt. In einer Nebenkammer kommen ihm weitere zwölf Götter entgegen, alle mit erhobenen Krummschwert. (Diese Reliefs sind nicht so verwittert wie die anderen, da sie jahrtausendelang von einer Erdschicht geschützt waren. Erst Ende des 19. Jahrhunderts wurden sie freigeschaufelt.)

Der Größte in dieser Göttergalerie wäre gern Gott gewesen. Als Sterblicher hat sich Tuthalija III. hier mächtig exponiert. Auch wenn er Hattis Freilufttempel erneuert hat, hätte doch seine Stifterfigur nicht unbedingt die himmlischen Herrscher überragen müssen. Bescheidenheit hat er nicht gerade mit der Muttermilch eingesogen, denn seine Mutter ist Puduhepa. Die starke Frau aus Kizzuwadna hat sicher durchgesetzt, daß alle Götter im Krönungsdom ihre hurritischen Namen tragen. In Hieroglyphen über der ausgestreckten Hand.

DIE HOCHHEILIGE OBERSTADT

»Wo bloß weitermachen,« fragt sich Peter Neve und kratzt sich den Kopf mit den Stoppelhaaren. Der Hanseat folgt dem Schwaben Bittel und übernimmt 1978 die Grabungsleitung in Hattusa. Also steigt er in seine Wanderschuhe und begibt sich auf einen langen Gedankengang. Über sechs Kilometer erstreckt sich der noch intakte Befestigungsring, den er nun bergauf und bergab abläuft. So kann er die hethitische Hauptstadt einkreisen, die einst eine Fläche von 181 Hektar bedeckte. Nur ein Bruchteil davon ist ausgegraben; und der Bauforscher, der das Gelände seit 1954 kennt, hat die Qual der Wahl.

Oben: Peter Neve, Grabungsleiter in Hattusa von 1978–1993.

Unten: Die Grundrisse der Tempel in der hochheiligen Oberstadt Hattusas.

Er stapft an der Stadtmauer entlang, die bis zu acht Meter breit ist. Auf dem zwei Meter hohen Steinfundament waren luftgetrocknete Lehmziegel aufgemauert. Alle fünfzehn bis zwanzig Meter buchteten Wachtürme den Wall aus. Peter Neve erreicht das Löwentor im Südwesten, wo das Raubtier die Besucher mit weit aufgerissenem Maul empfing. Der Zahn der Zeit hat die seinen stumpf gemacht. Weiter geht es hinauf zum höchsten der Tore, dem Yerkapi, das in vielerlei Hinsicht bemerkenswert ist. An der Außenseite ist ihm ein Gebilde vorgelagert, das wie eine gekappte Pyramide aussieht. Glacis nennt der Fachmann solch ein geböschtes Vorfeld bei Befestigungsanlagen. In Hattusa ist es ein Glacier, also Gletscher, weil der Erdwall über und über mit weißen Kalkplatten belegt ist. Sie gleißen in der Sommersonne und stechen dem Reisen-

den schon von weitem ins Auge. Das Tor wird einer hethitischen Sphinx flankiert: ein Löwe mit Flügeln und menschlichem Kopf. Unter dem Tor verläuft ein Gang, 71 Meter lang und nur drei Meter hoch. Poterne sagen die Archäologen zu der Unterführung eines Bollwerks. Der hier künftig das Sagen hat, folgt nun der Mauer hügelab bis zum Königstor im Nordosten, das auf der Innenseite einen Gott in Waffen zeigt. Peter Neve macht kehrt und klettert wieder hinauf zum Sphinxtor, von dem er die ganze Oberstadt überblicken kann. Er schaut sich um. Läßt die Aussicht auf sich wirken. Und ihm ist es, als rahme die Mauer hier oben etwas Besonderes ein.

Oben: Der Tunnel unter dem Sphinxtor, Poterne genannt.

Unten: Innenansicht der Poterne. Fluchtweg oder Prozessionsgang?

Er fängt zu graben an. Fundament nach Fundament kommt zum Vorschein, die zwar unterschiedlich in der Größe, aber von exakt gleichem Zuschnitt sind. Diese Häuser hatten alle einen Innenhof, der über eine Toranlage von außen zu erreichen war. Ganz wie der Große Tempel in klein, denkt sich der Bauforscher und hat es erraten. Daß die Götter neben der halben Unterstadt die ganze Oberstadt in Beschlag nehmen, stellt er im Lauf seiner Ausgrabungen fest. Er entdeckt eine Reihensiedlung für Götter. Keine tausend, aber immerhin 29 Tempel ballen sich zwischen den wichtigsten Stadttoren. In den Seitentrakten aller Götterhäuser wohnten und wirkten wie in einem Kloster die Priester und die Dienerschaft. Schmiede standen an der Esse, und Töpfer drehten Haushaltsware. In Schreibbüros wurde die umfangreiche Korrespondenz erledigt, und Festkomitees waren laufend mit der Ausrichtung von Prozessionszügen beschäftigt. Köche kümmerten sich in Großküchen ums leibliche Wohl, und Priester sorgten in ähnlich großen Kulträumen für das Seelenheil. Wollten sich Personal und Gläubige die Füße vertreten, konnten sie den heiligen Teich umrunden. Zwischen den Tempeln war ein künstlicher See geschaffen worden, 20 mal 25 Meter groß und edel eingefaßt mit geplättelten Böschungen. Im Reich des Wettergottes wird das Wasser ein Muß gewesen sein.

Wo einst die Götter residierten, spricht Bauforscher Neve auch die Stadtmauer heilig. Dieser gewaltige Wall, der die Tempel im Halbrund faßt, ist nie verschüttet worden, und sei-

Oben: Das Sphinxtor, Yerkapi, brüstet sich nach außen mit einem geplättelten Wall. Unten: Die Freitreppe zum Sphinxtor.

ne Tore waren immer sichtbar. Die Stadtbefestigung wurde von allen Archäologen vor ihm als Wehranlage par excellence gepriesen. Neve schloß sich nie dieser Lehrmeinung an, weil hier die baulichen Besonderheiten einer Bastion zuwiderlaufen. So lädt die Freitreppe, die über die gepflasterte Außenböschung zum Sphinxtor führt, förmlich zum Stürmen dieser Stadt ein. Und durch den schmalen Korridor, eben der Poterne, stolpert der einzelne Verteidiger geradewegs den Angreifern in die Arme. Dieser Tunnel wurde auch als Geheimgang bezeichnet, durch den die Belagerten ins Freie flüchten konnten. Dafür sind die Eingänge aber zu schmuck und zu auffällig.

Mit den Tempeln im Rücken verficht Peter Neve nun folgende Theorie: Als Einfriedung einer Kultstadt war die Mauer nicht für Krieg gemacht, sondern empfing die Pilger mit offenen Toren. Die Wehrgänge waren Wallfahrtswege und mit ihren riesigen Reliefs der richtige Einstieg für das hier zu erwartende Mammutritual. Königstor und Löwentor sind spiegelgleich geplant und ungefähr gleich entfernt vom Sphinxtor. Alle zielen auf den Fels des Nisantepe mit seinen heiligen Hieroglyphen ab, der im Schnittpunkt der gedachten Torachsen liegt. Für Neve sind es Prozessionstore einer heiligen Straße, die außerhalb der Tempelstadtmauer verlief. Die Poterne könnte ein Kultgang gewesen sein, wie der Kreuzweg bei den Katholiken.

Zuletzt war es Fluchtweg ein stadteinwärts. Peter Neve entdeckt deutliche Zeichen dafür, daß sich in der Endzeit Hattis die Menschen im Tempelbezirk drängten. Keine Aufblähung des Kultapparates, sondern Menschen in Not, die bei den Göttern Zuflucht suchten. Weil es in den Niederungen wohl zu unsicher war, flüchtete das Volk in die sakrosankte Oberstadt und nützte das Becken mit dem geheiligten Naß nun als Trinkwasserreservoir. Sie scheinen von der Hand in den Mund getrunken zu haben. Der Ausgräber findet in den vielen Tempeln so gut wie keine Gefäße. Zwei Töpfe und zwei Schalen in Tempel 7, in Tempel 8 einige Scherben von Tonbehältern, in Tempel 15 zwei Schalen und eine Amphore, in Tempel 16 zwei kleine Deckel und ein Tonfläschchen, Scherben in Tempel 6 und

Grundmauern eines Tempels in der Oberstadt.

Überreste von Gefäßen im Brandschutt von Tempel 20. Dann aber hat er das Glück des Tüchtigen.

Im Torweg des Sphinxtores beugt sich Peter Neve aufgeregt über einen Fund. Wie vorsätzlich unter die Erde gebracht, ruht da 35 Zentimeter lang und 24 Zentimeter breit eine Metallplatte in ihrem Grab. Er kratzt an der Lehmkruste, und gestochene Keilschrift kommt zu Vorschein. Daß dieses Bronzeschreiben am zentralen Tor begraben wurde, muß von besonderer Bedeutung sein.

AUF BRONZE UND BEDEUTUNGSSCHWER – DAS SCHREIBEN EINES GROSSKÖNIGS

Der Potentat bittet zum Diktat. Eigentlich schreibt ihm das Protokoll jetzt gerade den morgendlichen Ritualmarathon vor, doch ein Verdacht macht die Andacht nebensächlich. Statt bei aberhundert Göttern vorzusprechen, nimmt er heute einen Blutsverwandten ins Gebet. Ist ihm doch zugetragen worden, Cousin Kurunta trachte nach seinem Thron, obwohl er schon einen in Tarhuntassa hat. Das ist das Bundesland im äußersten Süden Kleinasiens.

Entfernung und Entfremdung sind so groß, daß er zu Briefbrett und Ahle greifen läßt, um per Abkommen die einst so enge Freundschaft zu beschwören. Die und nicht das Hörensagen bringt er zu Sprache, als endlich der Ober-Holztafelschreiber den Absender samt Ahnen in einem genealogischen Vorspann festgehalten hat. Tuthalija III., »der Großkönig, König des Landes Hatti, der Held« und selbstredend »die Sonne«, beleuchtet mit wärmsten Worten die Verbundenheit von klein auf. »Mich da und den Kurunta führte die Gottheit schon damals in Freundschaft zusammen, und wir waren uns schon damals lieb und wert.« So formuliert er 300 Zeilen um den heißen Brei herum, sichert dem nunmehrigen Gegenspieler gar weiter die Gunst und ausgedehntere Grenzen zu, bis er am dicken Ende deutlich wird: Er soll bloß die Hände von Hattusa lassen!

Das Machtwort spricht er im Postskript, nachdem die himmlischen Notare bereits aufgelistet sind: »Wenn nun du, Kurunta, diese Worte der Tafel nicht bewahrst, oder gar die Königsherrschaft im Lande Hatti erstrebst, dann sollen dich diese Eidgötter mitsamt deiner Nachkommenschaft vernichten.«

Zwischen den Zeilen klingt Panik heraus, zu der Tuthalija allen Grund hat. Putsch liegt wohl in der Familie, wie er das Schreiben und dem Leser eröffnet: »Als mein Vater Hattusili gegen Urhitesup Feindschaft begann und ihn in der Königsherrschaft absetzte . . .« Der Sohn regiert also gar nicht rechtens, weil der Papa ganz offensichtlich gegen Sitte und Gesetz verstieß. Er unterlief die gebotene Thronfolge, weil er den Erstgeborenen seines ältesten Bruders in die ägyptische Wüste schickte und den legitimen Erben mit einem Zwergstaat abspeiste.

In Hattusa ist dieses Sakrileg schnell vergeben und vergessen, da mit Hattusili an der Spitze aus Hatti eine Großmacht wird, vor der selbst Ägypten die Waffen streckt. Der erfolgreiche Friedenspolitiker hinterläßt ein konsolidiertes Weltreich und eine entzweite Familie, für die sein dynastischer Coup nach wie vor präsent ist. Bei aller Liebe scheidet die Vettern der Thron, den Kurunta als Bruder des geschaßten Urhitesup durchaus für sich beanspruchen kann. Mit weniger Königtum nach dem Umsturz abgefunden, schreibt ihm nun Tuthalija das Ehrenwort vor, sich ein für allemal mit dem Satellitenstaat im Süden zu begnügen.

Um dem Stillhalteabkommen noch mehr Gewicht zu verleihen, läßt er es siebenfach in Bronze ritzen und übermittelt die Abschriften den wichtigsten Herrschern in seinem und im Himmelreich zur Kenntnisnahme. Mit Stempeln der Sonnengöttin und des Wettergottes geht die letzte Kopie postwendend Kurunta zu, um ihm Bescheid zu stoßen. Die leidige Angelegenheit scheint mit dem Bronzebrief vom Tisch zu sein, und Tuthalija lehnt sich beruhigt zurück.

Der Brief aus Bronze. Ein inhaltsschweres Schreiben.

Weniger ruhig ist Peter Neve, als er 3230 Jahre später das Schreiben in Händen hält. Auch der Inhalt muß gewichtig sein, sonst wäre er nicht auf Bronze festgehalten worden. Weil das Lesen nicht sein Metier ist, schickt er sofort Nachricht und Auto nach Ankara, wo Heinrich

Otten professionell Silbenrätsel löst. Der Altphilologe und Altmeister auf dem Gebiet der Hethitologie wirkt normalerweise in Mainz, wo er innerhalb der Akademie der Wissenschaften und der Literatur großen Raum für Hattis Bibliothek geschaffen hat. Alle hethitischen Texte, die jemals gefunden wurden, sind als Zeichnung, Photo und Übersetzung in seinem Archiv einsehbar. Um die Originale für seine Sammlung zu bearbeiten, weilt er alle Sommer im Museum in Ankara, das die Keilschriftfunde aus der Grabung erhält.

Die Aussicht auf einen intakten Text bringt Heinrich Otten aus dem Häuschen, brechen doch meist die Notizen aus der Bronzezeit mitten im Text ab. Da die Hethiter mit Vorliebe auf Ton schrieben, muß sich der Sprachforscher aus Scherben ihre Aufzeichnungen zusammensuchen. Seit 1936 kennt er auch die Heimat der Autoren und nimmt an den Kampagnen teil, um Fortsetzungen und fehlende Passagen frisch von der Schaufel zu erhalten.

Die Neuerscheinung in Bronze verspricht ungeteiltes Lesevergnügen, und so fiebert er die lange Fahrt in die nordanatolischen Berge den einmalig ganzen Sätzen entgegen. Gleich am Fundort noch vertieft er sich in die Tafel und identifiziert dank des Stammbaums im Briefkopf auf Anhieb den Verfasser. Von etlichen Tuthalijas ist er der dritte, drittletzter der hethitischen Großkönige nach der bis dato gültigen Chronologie. Dieser König ist wegen der vielen Siegel auf Landschenkungsurkunden für Otten ein guter Bekannter. Auch der Vasallenstaat im Süden, wo dieses siebte Vertragsexemplar dem Vermerk nach eigentlich hingehört, ist ihm ein Begriff. Doch der Name Kurunta sagt ihm nichts.

Das ändert sich schlagartig, als Peter Neve ihn wenig später mit weiterer Lektüre versorgt. Auf den gerade geborgenen Siegeln und Tonetiketts firmiert ein Kurunta als Großkönig! Der Sprachwissenschaftler kommt einem Staatsstreich auf die Spur und enttarnt den Umstürzler. Weil seinen Namen die der Ahnen rahmen, ist Otten über die Familienbande bald im Bilde. Und warum der um 1240 v. Chr. geritzte Bronzebrief fern des Bestimmungsortes abgelegt wurde, vermag er sich auszumalen.

Die Siegel der Kontrahenten um Hattusas Königsthron: **Oben:** die Bulle des Usurpators Kurunta, der kurzfristig seinem Cousin und Großkönig Tuthalija III. das Zepter entriß. **Unten:** Das Siegel Tuthalijas III.

Durch ein Hintertürchen an die Macht gelangt, wählte Kurunta wohl das Sphinxtor für seinen triumphalen Einmarsch in die Hauptstadt. Nicht, weil es zu seinem Doppelspiel paßte, sondern weil es für die Hethiter von höchster Bedeutung war. Den Vertrag hatte er bei sich, und da der nur noch dem Material nach ehern war, ließ er ihn in der Versenkung verschwinden. Es mußte geweihter Boden sein, um die zitierten und düpierten Eidgötter letztlich zu ehren. Also bestattete er die Bronzeplatte an Hattusas Himmelspforte.

Damit war die Sache keineswegs aus der Welt, denn durch Kuruntas Hochverrat gerät eine Hochkultur ins Trudeln. Der Anfang vom Ende des hethitischen Reiches ist der Wortbruch. Kann Tuthalija die Tiara auch wieder ergattern und seinen Söhnen sichern, bleibt doch die Würde auf der Strecke. Durch das Gezerre um die Macht in der Achtung gesunken, sind nun die Könige nur noch groß im Bauen – und Bestechen. Kraft ihres Amtes flößen sie keinen Respekt mehr und müssen sich nun ihre Gefolgsleute kaufen. Tuthalijas Siegel auf wahren Scherbenbergen von Schenkungsurkunden dokumentiert die Praxis: Geb ich dir Land, bist du gefälligst ein Getreuer.

Mit Dienen verdienen ist des Untertans Devise, und die Günstlingsmißwirtschaft treibt den Staat in den Ruin. So gebeutelt, taumelt Hattusa seinem Untergang zu. Das Ende ist armselig.

DER KATASTROPHENFORSCHER

Daß er querdenkt, ist bekannt. Sich gern anderer Wissenschaften bedient, um die Archäologie weiterzubringen. Jürgen Seeher ist sicher oft unterschätzt worden. Er spricht so sanft. Doch was er sagt, haut die Kollegen mitunter um. Er ist schmal. Aber mit der Grabungsleitung in Hattusa hat er sich nicht verhoben. Einmal losgelassen auf die hethitische Hauptstadt, hat er schon eine Menge bewegt.

Jürgen Seeher, Grabungsleiter in Hattusa seit 1994.

Mit ihm ist eine neue Generation von Archäologen angetreten, für die Tempel und Paläste auch nur Häuser sind. Was ihn mit Bittel verbindet: Auch ihm assistiert seine Frau. Doch Ayse Baykal-Seeher hat es nicht mit dem Hintergrund. Die temperamentvolle Türkin ist vom Fach und läßt sich nicht die Butter vom Fladenbrot nehmen. Promoviert hat sie hat bei Manfred Korfmann, dem jetzigen Ausgräber Trojas.

Als Peter Neve im Sommer 1993 von Grabung und Hattusa Abschied nimmt, will er sich noch schnell einen Überblick verschaffen, was ihm alles entgangen ist. Am Ende der Kampagne klettert er auf den Büyükkaya, den »großen Felsen« vis-à-vis der Burg. Er braucht den Hügelrücken nur anzukratzen, da hat er auch schon eine Ahnung: Künftige Forscher erwartet hier Großes. Jürgen Seeher, der 1994 die Grabungsleitung übernimmt, vertraut dem Gespür seines Vorgängers und fängt auf dem Büyükkaya an. Er findet nur Löcher. Große.

Auf dem unteren Plateau der Kuppe sind es fünf quadratische Gruben, die sechs mal sechs Meter messen. Neun Meter Seitenlänge hat eine weitere. Alle sind gut drei Meter tief in den Untergrund eingelassen. Als noch eindrucksvoller erweisen sich die Ausschachtungen auf dem mittleren Plateau: Fünf reichen da weiter in den Boden hinein und sind im Durchschnitt 18 Meter lang und 12 Meter breit. Auf dem Grund aller elf Gruben findet der Ausgräber Steine. Jedoch ausgesuchte, die einst mit Bedacht verlegt worden sind. Ins deutliche Pflaster senkten die Hethiter noch Sickerrinnen ein. Die Erdwände blieben wohl roh, denn weder Mauern noch Verputz lassen sich ausmachen.

Jürgen Seeher hätte sich nicht weiter um den Büyükkaya bemüht, wäre da nicht der gewaltige Wall gewesen. Wuchtige Wehrmauern krönen den Berg, den allein schon seine Abschüssigkeit unbezwingbar macht. Was um alles in der Welt mußte hier oben so doppelt und dreifach geschützt werden? Wo heute nur Löcher zu sehen sind, muß ein Nabel Hattis gewesen sein, grübelt der Ausgräber. Ein bronzezeitliches Fort Knox, mit Kellern voller Gold und Eisen? Wofür bloß waren die Gruben da?

Der Büyükkaya gibt sein Geheimnis nicht preis, doch Jürgen Seeher bohrt nach: »Vier Jahre habe ich versucht, den Berg zu verstehen.« Er wird wunderlich. Bauernkalender werden zur Lieblingslektüre, und Briefe schreibt er nur noch an Versuchsfarmen. Grabungshaustiere sind Läuse und Milben – zumindest virtuell. Noch einmal inspiziert er die Gruben auf dem Büyükkaya. Und schaut genauer hin. In der Lehmerde einer Wand meint er den Abdruck eines Strohhalms zu erkennen. An diesem Tag soll er wissend gelächelt haben.

In ihm reift eine Idee, doch noch fehlt ihm der endgültige Beweis. Ihm schwant, daß die Gruben Speicher waren. Um aber das zu beweisen, braucht er eine mit Inhalt. Statt aber in neue Schnitte vergräbt er sich in alte Grabungstagebücher. Vielleicht ist ja einer seiner Vorgänger in einem anderen Teil Hattusas auf ähnliche Löcher gestoßen. Und Jürgen Seeher findet, was er sucht. Anfang der

Heiliges Becken in der Oberstadt, das in der Endzeit Hattusas den letzten Bewohnern das Trinkwasser spendete.

sechziger Jahre hat ein Mitarbeiter Bittels ein seltsames Kellersystem in der Unterstadt aufgezeichnet.

Was er am Fuß der Burg aufdeckt, übertrifft seine kühnsten Wünsche. Wieder sind es Löcher, doch diese hier sind riesig und ordnen sich zu einer Art Setzkasten für Giganten an. Die ganze Anlage ist 118 Meter lang und an der weitesten Stelle 40 Meter breit. Aufgeteilt in 32 Kammern, die vier Meter in den Untergrund einvertieft waren. Und diese Löcher sind nicht leer. Das Gold darin ist schwarz und feinkörnig. Getreide über Getreide, das ein Brand nicht verbrannt, sondern – dem Gewittergott sei Dank – nur verkohlt hat. Die ehemals dichte Abdeckung ließ die Gruben zu Meilern werden. Zeigte sich auf dem Büyükkaya nicht ein einziges Körnchen, schaffen die Ausgräber hier Hattis Staatsschatz mit Schubkarren aus den Schächten.

Jetzt ist der Botaniker des Teams gefragt. »Eine ordentliche Katastrophe ist doch das Schönste«, freut sich Reinder Neef. Das Beste, was Altertumswissenschaftlern passieren kann, denn ein jäher Untergang erhält mehr als der langsame Verfall. Wie zum Beispiel auf Santorin oder in Pompeji, wo Kultur in Momentaufnahmen erstarrte. Nach einem Vulkanausbruch haben dort Lava und Asche die Bronze- beziehungsweise die römische Kaiserzeit eingekapselt. Der Pflanzenkundler im Dienst der Archäologie hat am liebsten Feuersbrünste, weil die so wunderbar das Getreide darren. In den luftdicht abgeschlossenen Speichern wurden so die Körner auf ewig konserviert. In Hattusa bekommt er ordentlich Material für die Artenbestimmung. Weizen und Co. hält sich auch ohne Verkohlen eine Weile. Damit er nicht schimmelt, fault

Der Botaniker im Dienste der Archäologie. Verbranntes Korn wird untersucht.

oder sproßt, muß man ihn aber richtig lagern. Wie, weiß Jürgen Seeher nach seinen Abstechern in die Agrikultur. Bevor die neuzeitlichen Silos aufkamen, brachte man das Korn am besten in der Erde unter – darüber waren sich schon die Babylonier und die alten Ägypter einig. Mäuse und Ratten sind so ziemlich ausgeschlossen; und um die Kornläuse und Milben abzutöten, muß man ihnen nur den Sauerstoff entziehen. Die dichte Abdeckung war auch notwendig, um die Speicher trocke zu halten. Bodenrinnen wie auf dem Büyükkaya entsorgten mögliches Kondenswasser. Kühl hatten die Vorratsräume zu sein, und deshalb wurden sie tief ins Erdreich versenkt. Damit die Verdunstungskälte wirken konnte, mußten die Wände unverputzt bleiben. Die Feuchtigkeit wurde von Stroh aufgefangen, das die unterirdischen Silos isolierte. Zeichen davon hat Seeher auf dem Büyükkaya gesehen.

Das System hat sich bewährt. In Ländern der Dritten Welt lagert man das Korn wie in der Alten. Wo man sich Lagerhäuser mit Föhn, Kühlaggregaten und Insektenvernichtern nicht leisten kann, greift man auf die Erdspeicher zurück. Polstert wie die Hethiter die Vertiefungen dick mit Stroh aus, drainiert den Boden und schließt die Grube mit Holzplanken und einer Lehmschicht möglichst luftdicht ab. So versorgt, hält im Jemen das Getreide leicht zehn Jahre.

Je größer ein Speicher, desto besser. Weil das Korn an den Außenseiten immer auf zwei Zentimeter verdirbt, hat man in kleinen Silos prozentual mehr Ausschuß. Nachteil der großen Deponie: Ist sie einmal geöffnet, muß das Getreide sofort verbraucht werden. Leicht getan, was die Vorräte auf dem Büyükkaya betrifft. Die größte Grube faßte da 260 Tonnen Getreide, das etwa 1400 Menschen ein Jahr lang satt machen kann. Um aber die 5900 Tonnen zu verzehren, die unterhalb der Burg gebunkert waren, brauchte es 32 000 gute Esser. Diesen Berechnungen liegt die assyrische Tagesration zugrunde: Im Zweistromland wurde dem Mann ein Pfund Getreide, der Frau 330 Gramm zugeteilt. Hattusa hatte aber auch in seinen besten Zeiten nie mehr als 6000 Einwohner – so die neue Erkenntnis Seehers. Mit dieser Zahl widerspricht er Kurt Bittel, der die Bevölkerung auf 20 000 schätzte. Wenn Seeher recht hat, für wen waren dann die Riesenmengen Korn, die Hattusa hortete?

Das Klima – auch das innenpolitische – ließ die Hethiter zu Hamsterern werden. Hattusa liegt etwa 1000 Meter hoch und hoch im Norden Anatoliens. Anders als in Mesopotamien und Ägypten wächst hier im Winter nichts. Weil auch das Gras unter einer dicken Schneedecke liegt, muß man dazu noch die Tiere durchfüttern. Die Stallungen in der Stadt mit all den hochgezüchteten Streitwagenpferden verschlangen allein schon Unmengen von Gerste. Hattis Lieblingsgetreide, denn daraus ließ sich auch der Gerstensaft brauen, den jeder Hethiter im Keller hatte. Oder unbedingt haben wollte. Bier hin, Brot her – bei über 6000 Tonnen Getreide blieb immer noch einiges übrig

Das Nahrungsmittel ist Machtmittel. Mit Gerste und Einkorn hatte der Herrscher etwas in der Hand, die Untertanen bei Laune zu halten. Aufstand lag immer dann in der Luft, wenn die Menschen darbten. Hatti hatte genug Hungersnöte erlebt, um daraus zu lernen. Statt wie einst Weizen bei den Ägyptern zu ordern, sorgte man jetzt selbst ordentlich vor. Weil goldene Zeiten der wirkliche Reichtum sind, wurden die Kornkammern zu den Schatzkammern des Königs. Mit ausreichend Getreide sicherte er den sozialen Frieden und den zwischenstaatlichen: Weil Korn gleich Gold war, konnte er sich die Freundschaft der Anrainer kaufen. Und da die Hethiter grundsätzlich auf Nummer Sicher gingen, bauten sie lieber zu große als zu kleine Speicher. Das Verfallsdatum der Feldfrüchte lag ja in ferner Zukunft. In Ungarn wurde jüngst ein Silo geöffnet, wo nach 60 Jahren Lagerzeit das Getreide noch genießbar war.

Oben: Unterirdische Kornkammern in Hattusa. Unten: Der Büyükkaya. Die Fundamente der mächtigen Befestigung sind gut zu erkennen.

Schatzkästlein waren sicher auch die runden Vertiefungen im Schloßhof, die Bittel für Zisternen hielt. Vielleicht hatte man einst diese Fässer im Fels ebenfalls mit der kostbaren Gerste gefüllt. Sollte doch Wasser darin gewesen sein, dann allerdings in einem anderen Aggregatzustand. Damit hätte dann der Großkönig das Höchste an Luxus gehabt: einen Kühlschrank. Das Modell »Eisloch«, wie ihn heute noch die Bauern im nordtürkischen Bergland betreiben. Schnee wird nach und nach in tiefe Gruben geschaufelt, wo er im Laufe des Winters verharscht. In diesem natürlichen Gefrierkeller bleibt das Fleisch bis weit in den Sommer hinein frisch.

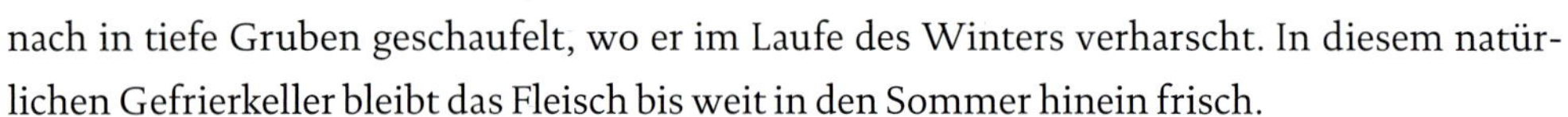

Mit den guten Zeiten in Hatti scheint es 1200 v. Chr. vorbei gewesen zu sein. In dieser Zeitschicht hat der Archäologe deutliche Anzeichen von Angst entdeckt. Auf dem Büyükkaya verstärkten die Hethiter überstürzt den ohnehin starken Wall und häuften noch Steine in die Eingänge. Was war los, daß sie gleich zwei Tore zumauerten? Rückte der Feind an? Passierte nun das, was Bittel vor seinem inneren Auge sah: Mörderbanden, die sich vom Meer her angeschlichen haben, dringen in die große und reiche und blühende Stadt ein. Bevor sie dann blutrünstig zündeln, schleppen sie weg, was nicht niet- und nagelfest ist.

Nichts davon läßt Jürgen Seeher gelten. Weder die Seevölker noch ein blühendes Hattusa zu dieser Zeit noch die alles vernichtende Feuersbrunst. Ob die Brände tatsächlich am gleichen Tag wüteten, kann ein Archäologe nicht erkennen. Aber sehr wohl, daß die Stadt nicht gänzlich in Schutt und Asche gelegt worden ist. So wurden beispielsweise nur elf von den 29 Tempeln der Oberstadt ein Raub der Flammen. Aber Bittel konnte nicht anders, als in Hattusa die völlige Zerstörung zu sehen, da er Deutschlands ausgebrannte Städte vor Augen hatte. Er vermißte hier, was nach dem Zweiten Weltkrieg umgehend angepackt wurde: Aufräumarbeit und Wiederaufbau. Weil in der hethitischen Hauptstadt sichtlich keine Trümmerfrauen wirkten und nicht ein einziges Gebäude repariert wurde, war für Bittel klar: Da lebte niemand mehr, die ganze Bevölkerung war ausgelöscht worden. Vielleicht war aber nur die Motivation gestorben, hier noch einmal einen Neuanfang zu wagen, hält Jürgen Seeher dagegen.

Nicht die unaufgeräumte, sondern die ausgeräumte Stadt treibt den jetzigen Ausgräber um. Wie zum Beispiel die leere Burg: »Diese einseitige Fundsituation ist um so auffälliger, wenn man an die zahlreichen Menschen und an die verschiedenartigen Einrichtungen denkt, die den hethitischen Königspalast bevölkern beziehungsweise ausmachen: Außer den königlichen Wohntrakten werden unter anderem Wohnmöglichkeiten für hohe Beamte, Unterkünfte für die Leibgarde, Vorratshäuser, Küche, Arsenal, Stallungen, ein Heiligtum und Werkstätten genannt. Überall gab es Keramik- und Metallgeschirr, Gefäße und Geräte aus Stein, Gegenstände aus Metall, Knochen und Elfenbein und natürlich Objekte aus Holz und Leder, an denen Teile aus diesen haltbaren Materialien angebracht gewesen sein können: Möbel, Musikinstrumente, Zeremonialgeräte, Türen und Tore, Wagen, Pferdegeschirr, Uniformteile, Waffen und Panzer.«
Sein Vorgänger Peter Neve hat dafür eine Erklärung: »In Anbetracht des – verglichen mit dem Befund anderer zerstörter Residenzen – spärlichen Inventars ist anzunehmen, daß der Palast vor seiner Brandschatzung bis auf die praktisch wertlosen und nicht transportablen Gegenstände systematisch geplündert wurde.«
Seeher widerspricht: »Ich halte diese Annahme für unzutreffend, denn sie setzt einen Feind voraus, der einmal genügend Muße für ein systematisches Vorgehen und zum anderen auch Verwendung sowie Transportmöglichkeiten für *komplette* Haus- und Tempelinventare hat. Ein solcher Feind ist meiner Meinung nach nicht in Sicht.« Hätten tatsächlich Angreifer die Stadt überrannt, gäbe es dafür ein untrügliches Zeichen: »Bei gewaltsamen Aktionen müßte man auch Tote unter dem Schutt finden.«
Einzig Textkörper fanden sich im Schutt. Massenhaft Tontafeln und Haufen von Siegeln. Nun merken akribische Sprachforscher an, daß Hattusas Archive nicht mehr auf dem laufenden waren. Schon Jahre vor Hattis Untergang hörten die Speisekämmerer auf, Buch zu führen, und von aktuellen Vorgängen in den Randstaaten fehlen die Mitschriften. Auch in den Schreibstuben vermißt man wie überall in der Stadt die persönlichen Dinge: Die Tasse des Vorzimmerherrn, den Bierkrug des Aktenträgers, die tönerne Tupperware der Bibliothekarin.
Wer trägt bloß solche Sachen weg, hat sich Seeher gefragt. Garantiert nicht der Plünderer, denn der ist nur an Kostbarkeiten interessiert. Wer also bringt das angeschlagene Henkeltöpfchen in Sicherheit? Nur der, dem es gehört und der an den Alltagsgegenständen hängt. Jürgen Seeher kann sich das Ende der hethitischen Hauptstadt vorstellen.
Der Potentat diktiert einen Ortswechsel. Die Situation in Hattusa wird langsam ungemütlich. An der Nordgrenze des Reiches rotten sich mal wieder die Kaskäer zusammen, die nie Gutes im Schilde führen. Im Süden, wo Großvetter Kurunta sein Königreich hat, macht die Verwandtschaft wider ihn mobil. Suppiluliuma II. will nichts wie weg. Er hat sich schon einen sicheren Regierungssitz ausgeguckt und bestellt Packer und Möbelwagen. Der Hofstaat stöhnt, denn eine ganze Burg muß ausgeräumt werden. Erst das Mobiliar der großköniglichen Gemächer: die Antiquitäten, Sofas und Fellbetten, die Gastgeschenke anderer gekrönter Häupter samt den Vitrinen, der Schmuck der First Lady, die Roben und Pelze der Royals. Spielzeug der Königskinder und die Puppen des Zauberers. Meßgeschirr aus der Schloßkapelle und Maßkrüge aus dem Speisesaal. Die Einrichtung der Büros und Kasernen. Der Inhalt von Sattel- und Kornkammern. Die Schmankerln und Weinfässer aus den Vorratskellern. Auch der Kühlschrank wird geleert.

Drunten in der Unterstadt beten die Priester. Tausend Göttern sei es geklagt, sie müssen den Großen Tempel verlassen. Tausend Göttern sei Dank, deren und ihr Gut dürfen sie behalten. Es muß nur alles auf Wagen verladen werden. All die Unmengen an Statuen, Votivgaben und Weihegeschenken. Die Opfertiere aus den Stallungen und das Starkbier aus den Klostermagazinen. Das Geschirr der Refektorien und die Töpfe aus der Großküche. Auch Hunderte von Vorratsamphoren werden ausgeschaufelt und Gerste, Linsen und Nüsse in Säcke und Körbe umgefüllt. Gottlob braucht man sich nicht mit den Tontafeln abzuschleppen. Genau wie in der Burg bleiben auch hier die Archive so gut wie unangetastet, denn man nimmt nur die Unterlagen für die aktuellen Staatsgeschäfte mit. Alte Akten sind wertlos, und so läßt man sie zurück. Kopien aller wichtigen Verträge gibt es ohnehin in jeder Provinzstadt. Da sind die Hethiter sehr penibel. Nicht, daß ein Fürst mit der Ausrede kommt, er habe ein bestimmtes Gesetz nicht gekannt!

Eine Stadt zieht aus. Flankiert von Soldaten der Leibgarde und gefolgt von den Streit-Sulkys, zockeln die vollgeladenen Wagen von dannen. Die Karawane, unübersehbar lang, hält auf ein unbekanntes Ziel zu. Muwattalli II. hat es vorgemacht. Der Sieger von Kadesch verlegte etwa 90 Jahre früher schon einmal die Hauptstadt. Er zog von Hattusa nach Tarhuntassa um, das die Archäologen immer noch nicht gefunden haben. Suppiluliuma II. suchte sich sicher eine andere Zuflucht aus, da in Tarhuntassa ja sein Konkurrent residierte, Kurunta, der auch Großkönig sein wollte.

Die Stille der Leere und nicht die des Todes lastet über Hattusa. Nicht lange, denn dann stürmen die Bauern der umliegenden Dörfer die Stadt. Die schlechte Wirtschaftslage der letzten Jahre hat sie zu dem Ärmsten der Armen gemacht. Wütend brechen sie in die einst verbotenen Stadtviertel ein, durchsuchen den Palast und die Tempel. Und weil nichts mehr zu holen ist, zünden sie vor lauter Frust die Ex-Residenzen der weltlichen und himmlischen Herrscher an.

Das Feuer in Hattusa ist für Jürgen Seeher vielleicht die Verzweiflungstat »der im Stich Gelassenen«. Nicht die Seevölker, sondern das Landvolk brandschatzte die Hauptstadt der Hethiter. Bauern, die von der Staatskrise in den Ruin getrieben worden waren. In Zeiten leerer Kassen konnten sie ihr Korn weder an den Mann noch an den Großkönig bringen. Eine Staatswirtschaft in Auflösung entdeckte Seeher auf dem Büyükkaya. In Hattis Endzeit wurden die Speicher nicht mehr mit Getreide, sondern mit Bauschutt gefüllt oder blieben leer. In die ausgebrannte Stadt zogen die Nachkommen der Vorläufer ein: die Kindeskinder jener Hattier, die vor den Hethitern Hattusa bewohnt hatten. Sie tun dann auch so, als hätte es die letzten 500 Jahre nicht gegeben. Sichtlich wollen sie von der Töpferscheibe nichts wissen und formen ihre Keramik so schlicht und so grob wie in uralten Zeiten.

Mit Hattusa ging das Großreich, nicht aber die Hethiter unter. In Enklaven an den Rändern des Kernlandes ließen sie ihre Götter monumental wiederauferstehen und pflegten ihre Kultur. Und halten noch weitere 500 Jahre die Stellung.

Wintergewitterwolken jagen über den Himmel und treiben die Dämmerung voran. Wölfe hatzen durch die schwarzen Wälder, und ihr Geheul scheucht späte Wanderer heim in die Weiler. Still steht im Jahr 1946 das einzige Zeichen von Fortschritt in dieser allahverlassenen Ecke Kleinasiens, wo sich bei Adana die Mittelmeerküste nach Süden verflüchtigt. Ein Lastwagen hat schlappgemacht auf der Karawanenstraße, was die Fracht zunächst erleichtert. Die Gelehrten auf der Ladefläche atmen auf, werden sie doch dank des Halts wieder Herr ihres Bewegungsapparates. Um der Wissenschaft willen schlingerten und schlotterten sie geschlagene acht Stunden, weil das Ziel ihrer Reise und Wünsche ominöse Feldreliefs in dieser Wildnis sind.

Lenker der halsbrecherischen Fahrt ist Helmuth Theodor Bossert. Jener Bossert, der einst bei Bittel zu Gast in Boghazköy war und da kein Glück bei der Entzifferung eines Siegels hatte. Eigentlich ist er Keilschriftexperte, weil ihn aber besonders die hethitischen Hieroglyphen reizen, fährt er jedem Hinweis nach. Und bei Felsreliefs in diesen Breiten ist die Chance groß, daß sich ein Hatti-Herrscher bildlich namentlich verewigt hat.

Mit von der Partie ist Halet Cambel, die Bossert nach langem Werben als Assistentin gewinnen konnte. Im Hinterland ihres Vaterlandes fühlt sich die Türkin fast fremder als der Pfälzer, hat sie sich doch von klein auf am Westen orientiert. An der Spree 1916 als Enkelin des letzten osmanischen Botschafters geboren, verbrachte sie ihre weitere Kindheit in Bern, Wien und Südtirol. Am Bosporus besuchte sie das amerikanische College und studierte in Paris an der Sorbonne. Mut hat ihr die Mutter vererbt, denn die Tochter eines Paschas hatte ihren eigenen Kopf und war in Berlin eine Anhängerin Rosa Luxemburgs.

Ganz die Mutter, nimmt Halet Cambel das Steuer in die Hand, als das eigentliche keine Dienste mehr leistet. Da der Dieselesel nicht läuft, müssen die Reisenden eben bis zur nächsten Ansiedlung laufen. Mit einem Hagelschlag ist die Nacht hereingebrochen, und das Forschergefolge braucht auf der Stelle eine Bleibe. Blitze zaubern einen verfallenen Han aus der Schwärze, und in dieser einstigen Herberge kriechen die Museumsdirektoren und Topographen unter.

Bossert und Cambel, die aufrechten Zwei, waten weiter des Wegs, wo ihnen das Wetter leuchtet und der Schnee der Dreitausender des Taurus. Im Eissturm sind sie bald steif gefroren, und das Wolfsgejaul läßt noch dazu das Blut in den Adern erstarren. Daß Halet Cambel 1936 als Olympionikin bravourös in Berlin gefochten hat, wehrt die Furcht nicht ab. Hoffnungsschimmer sind schließlich Lichter, doch vor die rettende Ansiedlung setzten die Götter einen Bach. Dauerschauer haben ihn in ein Wild-

Oben: Halet Cambel in ihrem Arbeitszimmer. **Unten:** Karatepes Entdecker stießen mitten in der Wildnis auf Löwen. Auf hethitische aus Stein.

Oben: Hattis Wappentier dräut am Burgtor. **Unten:** Ein gefallener Löwe versteckt sich im Gebüsch.

wasser verwandelt, und ihre Hilferufe übertönen kaum das Tosen. Rakirausch obendrein drüben in den Hütten, und die beiden müssen sich heiser schreien, bis die Hirten reagieren. Dank Ketten packt ein Trecker gerade noch die Furt und holt die Archäologen über zu den Wärmflaschen mit Anisschnaps.

Wegen der Sintfluten sitzen sie eine Woche fest im Nomadennest, schauen und hören sich aber eifrig um. Leider erweisen sich die gesuchten Reliefs als Skulptur der Natur. Die Enttäuschung wird weggewischt durch Aussagen, ganz in der Nähe gäbe es massenhaft Aslantas, Löwenstein auf deutsch und in Hatti Hüter der Herrscherbastionen. Ins Auge gesprungen sind sie einem Weidenpendler neben der Hauptkarawanenstraße Akyol, wo dieser Weiße Weg den Schwarzen Berg passiert. Der Karatepe ist die neue Hoffnung, und trotz Blizzard hasten sie zurück zum Han.

Dort hustet alles, wie durch ein Wunder sogar der Motor. Auch Halet Cambel ist schwer erkältet und fiebert so doppelt dem Karatepe entgegen. Der Transporter bringt die anderen Kranken nach Hause und lädt Bossert und sie in Kadirli ab. Nur ein Tagesritt trennt sie noch von der Höhe des Löwen, von denen aber in der Kreiskleinstadt keiner Kenntnis hat. Schäferlatein scheint es zu sein, bis der Schulmeister das korrigiert und sich als Führer anbietet. Zu Pferde bahnen sie sich einen Weg tief in den Busch, bis kein Durchkommen mehr möglich ist. Mit Messern müssen sie jetzt die Macchia teilen und finden im Gestrüpp die erste Raubkatze. Aus Stein. Der Lianenvorhang kann die Herkunft nicht verschleiern: Dieser Löwe stammt mit Sicherheit aus späthethitischer Zeit.

Hethiter im Ruderboot. Relief im Torweg Karatepes aus dem 8. Jahrhundert v. Chr.

Dornen hin, Stacheln her – die Archäologen im Glück wühlen doppelt aufgekratzt weiter im Gestrüpp. Aus dem Rankenkäfig befreien sie eine ganze Menagerie. Selbst ein Bär tanzt auf einer der verstreuten Bildplatten. Grün verschnürt sind überdies Schriften, die Bossert noch atemloser machen. Der Altphilologe sieht semitische Lettern, die Kollegen vom Fach längst zu lesen verstehen. Daneben identifiziert er Hattis Hieroglyphen, bis auf wenige Symbole immer noch nicht entziffert. Karatepe könnte den Durchbruch bedeuten, sieht der Entdecker voraus. Hier Platten mit Hieroglyphen und da welche mit bekannten Buchstaben sind vielleicht Steine der Weisen. Bosserts Stein von Rosette, dieser Obelisk aus Alexandria, der es Champollion ermöglichte, die ägyptische Bilderschrift zu entziffern. Alle Sprachforscher träumen von solch einer Bilingue, und so hat Bossert nur Augen für die Schriftbilder auf den Friesen. Halet Cambel studiert da lieber die für sie aussagekräftigeren Gesichter der Hethiter, die neben Hieroglyphen und Getier auf den Reliefs hervortreten. Beide Entdecker sind sich aber darüber einig: Karatepe ist in jedem Fall eine Grabung wert.

Ein knappes Jahr später haben sie Mittel und Mitarbeiter zusammen und erschließen bis 1950 die Tore von Hattis letzter Bastion. Hier im kilikischen Winkel hielt Hatti 500 Jahre weiter die Stellung, nachdem Hattusa um 1200 v. Chr. aufgegeben worden war. Höchstens noch ein Völkchen der tausend Götter, bauten und bildhauten die letzten Hethiter so mächtig wie zu Bronzezeiten.

An der Nordpforte der späthethitischen Festungsanlage dräut ein Sphinxpaar zur Begrüßung; die zwei Löwen funkeln da verhaltener mit nur einem verbliebenen Auge aus Magnesit. Mit all den skulptierten Tieren an den Wänden ist der Burgflur ein wirklicher Zwinger. Weiter geleiten der Leihgott Bes und einheimische Waidmänner durch den Wandelgang. Auch der Einlaß im Süden wird von den Wüstenkönigen gehütet. Dahinter empfangen Musikanten und Zecher die eintretenden Gäste. Das Festareal von 195 auf 375 Meter Größe überblickte damals leicht ein Riese, der jetzt baumlang auf der Erde liegt. Sein Gesicht verlor er, weil der Hodscha 1915 die Vision hatte, der Kopf der Statue sei voller Gold. Um den vermeintlichen Schatz zu erreichen, wurde rüde die Figur gekippt und ihr die Nase eingeschlagen.

Auch an Karatepes Tor zeigt sich eine Sphinx.

Daß es der Wettergott ist, den dieser islamische Geistliche stürzte, macht der frühere Schloßherr selbst publik. Der Hethiter stellt sich und seine himmlischen Schutzherren in einer Fremdsprache vor, da sich die semitische Inschrift als Phönizisch erweist. Dieses Idiom hilft den Archäologen beim Datieren, die sonst das Zeitalter einer Stätte meist aus Scherben eruieren. Nur im 8. Jahrhundert v. Chr. war diese ältere Form des Phönizischen üblich, von dem später die Griechen und letztlich auch wir das Alphabet übernahmen. »Ich bin Azatiwatas«, meldet sich der Burgherr zu Wort. »Und ich baute diese Festung und gab ihr den Namen Azatiwataya. Und ich setzte darin den Wettergott ein.«

Als echter Hethiter hat er neben ihm noch andere Götter wie beispielsweise Baal aus Babylon und den ägyptischen Bes. Doch ist er bescheidener als seine Ahnen, die tausend in ihrem Himmel hatten. Mit den neuen Ländern eignete man sich auch deren Religionen an, und die Fremdgötter vermitteln eine Vorstellung von der Größe des alten Hatti. Azatiwatas gebietet über ein weit kleineres Reich als seine Ahnen, hat aber seinen Staat immerhin von »Sonnenaufgang bis zum Sonnenuntergang« ausgedehnt. Auch dieser späte Vertreter Hattis schwört auf die friedliche Koexistenz.

Von seiner Wacht am Ceyhan und Akyol kann er die Phönizier sehen. Den Fluß hinab flößen sie Zedern zur heimischen Küste. Und über die Karawanenstraße karren sie ihre Waren nach Inneranatolien. Gute Nachbarschaft ist da von Nutzen, liefern doch die Handelswanderer Luxusgüter wie Purpurstoff und Glas. In Hattis Grenzfestung spricht der phönizische Text vom Willen zur Verständigung. (Assyrien, der Erzfeind aus alter Zeit, ist auf diesem Ohr taub und versetzt 500 Jahre nach dem Fall Hattusas den Hethitern den Todesstoß.)

In seiner Muttersprache und Vorväterschrift ist Azatiwatas zunächst noch wortlos, weil man die Hieroglyphen nicht auf die Reihe kriegt. Gerade im hethitischen Wandspruch klaffen arge Lücken, da die Hälfte aller Blöcke in Bruchstücken das Gelände übersät. Wie aber die Teile zusammengehören, ist wie die Schrift ein Rätsel. Doch Bosserts Bilingue bekommt Kontur, so nicht zwei Rosse täuschen. Deren Köpfe schmücken ein Fragment und entsprechen Azatiwatas' Angabe auf phönizisch: »Ich machte Pferd zu Pferd.«

Den Ausgräber interessiert jetzt mehr die Zeile zuvor: »Ich habe Pahris Arsenale gefüllt.« Die Stadt verheißt einen Schatz, und beides will er unbedingt finden. (Er kann Pahri übrigens nie lokalisieren.) In Karatepe sei der Rahm abgeschöpft, erklärt er seiner konsternierten Assistentin. Ihre Sorge um die Zukunft der Stätte tut er ab: Das sei Sache der Antikenverwaltung. Wie aber die Monumente in ein Museum überführen, wo es hier weit und breit keine Straße gibt?

Soldaten machen sich auf die Hufe. In Karatepe im wahrsten Sinn des Wortes. Relief aus dem 8. Jahrhundert v. Chr.

»Anerzogenes, eingewurzeltes Verantwortungsbewußtsein« gebietet Halet Cambel zu bleiben, obwohl sie unter den Arbeits- und Lebensbedingungen hier leidet. Das Dach über dem Kopf besteht aus Segeltuch, und zum Einkaufen muß man stundenlang reiten. Kadirlis Bazar aber offeriert nur Gerste und Salz, und werden mal Schaufeln gebraucht, ist eine Weltreise nach Adana vonnöten.

Auf den kontemplativen Besorgungsritten reift in ihr der Plan, Azatiwatas' Burg vor Ort zu erhalten. Der Hethiter hat wohl ein Wörtchen mitgeredet, hetzt er doch dem seine Götter auf den Hals, der »den Namen Azatiwatas entfernen sollte aus diesem Torweg«. Für ein Freilichtmuseum soll sein Fort so schön wie einst werden, doch fehlt es in der Türkei zu dieser Zeit noch an Restauratoren. Experten ex machina beschert ein Bazillus. Seit anderthalb Jahren hat Halet Cambel schon Fieber, aber kein Arzt daheim kann ihre Krankheit diagnostizieren. Mehr der Genesung wegen beordert sie der Dekan der Istanbuler Universität zu einem Kongreß nach Italien. Am Tiber findet sie zwar keine Heilung, aber die Lösung ihrer Probleme im römischen Istituto Centrale del Restauro.

»Na, dann schicken Sie mal Ihre Sachen rüber«, will man da die kleine Türkin begütigen. In Anbetracht der Trümmer müssen die Profis dann doch zum Schwarzen Berg kommen, und das wissenschaftliche Geduldspiel beginnt. Völlig ohne Vorlage wird gepuzzelt, weil hier die Bilder keine Brücken bauen. In Karatepe schufen die Künstler manch verquere Kreatur, denn statt Füßen verpaßten sie einem Kämpfer schon mal Hufe oder gar Wagenräder. Natürliche Zeichnungen des Steins irritieren ebenso; und auch die Steinfärbung führt in die Irre, da je nach Lage entweder Luft oder Erde die Fragmente nachschattierten. Nur an den Basalt kann man sich halten, den es geologisch auf dem Grabungshügel nicht gibt. Mit diesem Gestein klaubt man nun die Worte, da all die dunklen Stücke mit Sicherheit vom Schriftfries stammen. Ein Riesenpuzzle mit Tausenden grauer Teile, wo man sich nur nach den Bruchkanten richten kann. Nach und nach werden die Wände ganz. Sprachforscher pilgern nun nach Karatepe und finden Azatiwatas' Sprache heraus, das Luwische, das Idiom des südlichen Hatti.

Eigentlich verbreitete sich der Burgherr ohne die Punkte und Kommas, die mit einem Mal die Hieroglyphen verunstalten. Die Witterung kerbt selbst Graffiti, und Halet Cambel muß auf die schnelle Schutzdächer aus dem Schlamm stampfen. Die Italiener steuern einen eleganten Entwurf bei, doch die Karren mit Zement ziehen Halet Cambel und ihre Mitarbeiter aus dem Dreck. Wieder ist es Winter und wieder gießt es in Strömen, daß fast die Bildblöcke weggewaschen werden. Die Bauforscher betätigen sich als Baumeister, und es glückt ihnen der erste Sichtbeton in der Türkei. Mehr als die eisenzeitlichen werden die neuzeitlichen Werke zur Sensation, woraufhin die Straßenbaudirektion einen Fahrdamm von Kadirli nach Karatepe stiftet.

Endlich kommen ein paar Touristen, aber jede Menge Bäume verschwinden. Die Wälder am Schwarzen Berg werden lichter, weil man jetzt auf der Straße leicht die Stämme abtransportieren kann. Um hier auch die Umwelt zu bewahren, kämpfte Halet Cambel Jahre für einen Nationalpark. Azatiwatas' Burg thront nun über 7715 Hektar nahezu unberührter Wildnis. Natur und Hethiter unverfälscht.

Oben: Grabung auf dem Domuztepe.
Mitte und unten: Archäologische Stilleben.

Noch einmal macht Wasser der Archäologin zu schaffen, diesmal aus einer anderen Richtung. Den Ceyhan will man stauen, was die Mauern Karatepes gefährlich unterhöhlen würde. Und ganz in den Fluten versänke ihre neue Grabung auf dem Domuztepe. Auf dem Schweineberg fand sie unter den Resten einer römischen Villa eine weitere Festung Hattis aus dem 9. Jahrhundert v. Chr. Halet Cambel antichambriert in den Ministerien Ankaras und bringt klammheimlich die Dammplaner auf ihre Seite. Die Löwin von Aslantas kann die Höhe des Staudamms um 40 Meter drücken und errettet die Hethiter abermals vor dem Untergang.

Still ruht der Stausee im Spätherbst ein halbes Jahrhundert nach der Entdeckung Karatepes. Starr vor Frost sind die Zikaden, und auch die Wildenten schweigen unter der Kältehaube des Morgennebels. Nur die Archäologen schnattern, die sich vom Grabungshaus in den Gipfelfichten bis zum Bootssteg warm laufen. Per Fährkahn geht es hinüber zu ihrer Arbeitsstätte, zum Domuztepe. Den Amerikaner James Escher Knudstad friert es am Schweineberg, forscht er ja auch sonst im Sudan. Der Fachmann für Lehmziegelbauten hilft der Chefin, hier den Schichtenwirrwarr zu sichten. Auch der andere Assistent, Ali Duran Öcal, daheim in der Ebene von Adana, muß sich an die Bergwinter erst gewöhnen. Tauchen sie dann in den Torweg ein, spricht keiner mehr vom Wetter. Noch haben sie in der gerade entdeckten Burg keine Löwengarde gefunden, dafür jede Menge Werkstücke im Gelände. Ein Open-Air-Atelier späthethitischer Bildhauer.

Halet Cambel verwaltet nicht nur den materiellen Nachlaß Azatiwatas', sondern wirkt auch weiter in seinem Sinne. Als sie hier vor über fünfzig Jahren ihr Lebenswerk begann, war die Bevölkerung um den Karatepe bitterarm, und die Kinder hatten nichts zu lachen. Für eine bessere Zukunft richtete sie erst eine Schule ein, dann eine Schreinerwerkstatt für die Heranwachsenden. Den Bauersfrauen verschaffte sie Zubrot und Selbstbewußtsein mit einer genossenschaftlichen Kelim-Weberei. Mit den Männern hatte sie es sich anfangs verscherzt, weil sie sich für Lämmer stark machte. Die Ziegen als Allesfresser mußten zum Schutz des Naturparks weichen und wurden durch die baumschonenden Schafe ersetzt. Nach den Morddrohungen bekam die Archäologin viel Dank, weil die Schafe den Menschen mehr als Milch, Fleisch und Wolle bescherten: endlich einen ruhigen Schlaf. So herrscht in Karatepe wie zu Azatiwatas' Zeiten »Wohlsein und Herzensfriede«.

»Dank mir reicht nun Adanas Land von Sonnenaufgang bis zum Sonnenuntergang.«

AZATIWATAS' RECHENSCHAFTSGEDICHT

Ich bin Azatiwatas,
von Baal gesegnet und Diener Baals,
König der Leute von Adana,
eingesetzt von Awarikus.
Baal machte mich zum Vater und zur Mutter
der Leute von Adana.
Dank mir reicht nun Adanas Land
von Sonnenaufgang bis zum Sonnenuntergang.
Und zu meiner Zeit gab es von allem reichlich
für die Leute von Adana.
Ich habe Pahris Arsenale gefüllt,
ich machte Pferd zu Pferd
und Schild zu Schild
um Baals und der Götter willen.
Und ich zerstörte all das Böse,
das im Land war.
Und ich schuf mein Reich in Güte.
Und ich saß auf dem Thron meines Vaters
und schloß Frieden mit jedem König.
Auch schätzte mich jeder König
wegen meiner Rechtschaffenheit,
wegen meiner Weisheit,
wegen meiner Herzensgüte.
Und ich baute diese Stadt
und gab ihr den Namen Azatiwataya.
An allen fernen Grenzen baute ich Festungen,
und bald lagen die wilden Räuberbanden
mir zu Füßen,
so daß die Leute von Adana
hier siedeln konnten.
Und ich machte die Räuberbanden seßhaft,
so daß auf den einsamen Wegen,
wo Männer nicht allein wandern konnten,
zu meiner Zeit sich die Frauen spinnend ergingen.
Zu meiner Zeit herrschte vor
Wohlsein und Herzensfriede.
Und das Land von Adana
        lebte in Frieden und Ruhe.
        Der Wettergott
        und die Götter lenkten mich dahin,

daß die Festung für alle Zukunft schützen soll
die Ebene von Adana
und Mopsos' Haus.
Zu meiner Zeit war Wohlsein
und Frieden in der Ebene Adanas.
Keiner von Adana kam durchs Schwert um.
Und ich baute diese Festung
und gab ihr den Namen Azatiwataya.
Und setzte darin den Wettergott ein
und opferte ihm einen Bullen jedes Jahr.
Ein Schaf zur Zeit des Pflügens,
ein Schaf zur Erntezeit.
Und ich preise den Wettergott.
Er gab mir lange Tage, viele Jahre
und Kraft dazu, mehr als die anderer Könige.
Und die Menschen, die in diesem Land siedelten,
hatten viel Bullen, Herden,
Essen und Trinken.
Die Fruchtbarkeit war enorm
dank des Wettergottes
und der anderen Götter.
Sie waren Azatiwatas zu Diensten
und dem Haus des Mopsos.
Und wenn irgendein König
oder irgendein Prinz
oder irgendein Mann von Bedeutung
den Namen Azatiwatas entfernen sollte
aus diesem Torweg
und schreibt hier gar seinen eigenen Namen ein,
wenn er diese Stadt stürmen sollte,
und dies Tor zerstört,
das Azatiwatas aufgebaut,
und ein neues Tor errichtet,
dann sollen Baal Shamen und El,
der Schöpfer der Erde,
und der Sonnengott ihn für immer vernichten.
Azatiwatas soll sein für immer
wie die Namen der Sonne
und des Monds.

Karatepe wird auch sein Schicksal. Halet Cambel legt gerade die letzte Zuflucht der Hethiter frei, da vergräbt sich weit weg in Deutschland ein Junge in das Buch »Götter, Gräber und Gelehrte«. Der kleine Frank Starke ist begeistert und kann kaum die Fortsetzung erwarten, so wie heute die Kinder den nächsten Abenteuern Harry Potters entgegenfiebern. Im zweiten Band, »Enge Schlucht und Schwarzer Berg«, erzählt C. W. Ceram wiederum spannend von der Entdeckung hethitischer Stätten. Karatepe zieht den Jungen in seinen Bann. Diese Burg mit sieben Siegeln. Wände voll mysteriöser Zeichen: Hieroglyphen, die ihr Geheimnis noch nicht preisgeben haben. Da kann ein Lokomotivführer nicht mithalten, und für Frank Starke steht als Berufswunsch fest: »Ich werde diese Schrift entziffern und lesen können.«

Als er mit dem Studium der Hethitologie beginnt, brüten die zukünftigen Kollegen immer noch über Karatepes Bildtexten. Trotz der Übersetzungshilfe durch die Phönizier will die Entschlüsselung nicht so recht vorankommen. Die bronzezeitlichen Schriftschöpfer haben aber auch alles getan, die neuzeitlichen Sprachforscher zu verwirren. Daß die Bilder- auch eine Silbenschrift ist, finden diese erst Anfang der neunziger Jahre heraus. Weil in der fraglichen Sprache das Wort für »Kuh« mit u beginnt, kann ihr Bild das Tier oder den Laut u bedeuten. Das Rindvieh hilft auf die Sprünge, und bald erschließt sich der Doppelsinn der etwa 300 Piktogramme.

»Entziffern tun wir schon lange nicht mehr«, kann Frank Starke stolz behaupten. »Jetzt lesen wir richtig.« Fließend, wie das Siegel von Troja, was ihn aus seiner Studierstube herausgeschleudert und richtig prominent gemacht hat. »Jeder von uns hätte das Siegel lesen können«, wehrt er den Ruhm bescheiden ab. Mit »uns« meint er etwa hundert Gelehrte auf der ganzen Welt, die aus den Hieroglyphen Hattis schlau werden. Diese Zeichen, die erhaben einen Fels im Herzen Hattusas überziehen. Der Nisantepe ist vollgeschrieben.

Die Hethiter schmückten sich mit fremden Worten. Ihre Bilderschrift gibt nicht ihre Sprache wieder. Wollten sie Wichtiges plakatieren, taten sie es in einer anderen Zunge. Die Hieroglyphen transportieren das Luwische, ein dem Hethitischen verwandtes Idiom. Ursprünglich im Südosten Anatoliens ausgebildet, verbreitete sich Luwisch bald über den ganzen Süden und Westen Kleinasiens. So ein Siegel Beweis genug ist, war es die Muttersprache von Hektor, Paris und Kassandra. Die Trojaner werden mit den Mykenern wohl auf Luwisch verhandelt haben. Den frühen Griechen war diese Fremdsprache geläufig, hielten sie sich ja schon geraume Weile im Westen Kleinasiens auf. Ging das Hethitische mit dem Fall Hattusas unter, war Luwisch noch 1500 Jahre später in einiger Munde. Ihren Abgesang liefern die Luwier im 6. Jahrhundert *nach* Christus mit – Grabinschriften.

Die Geburtsstunde des Luwischen ist im 19. Jahrhundert v. Chr. In die Welt kam diese Sprache in Kizzuwadna, wo 600 Jahre später Puduhepa geboren wird. Schrieb man auch Luwisch erst mit Keilschrift, entwickelten spielerische Geister im 15. Jahrhundert v. Chr. die Hieroglyphen.

Die, die sie schufen, guckten sich mit dem Silbensystem einiges von der Keilschrift ab. Eigenwillig trumpften sie aber auch mit Neuschöpfungen auf. So setzten sie mitunter Zahlen als Worte ein, wie man es heutzutage im Englischen findet, etwa »Nothing com-

Frank Starke, der Wortschatzsucher.

Luwische Hieroglyphen.

pares 2 you« oder »I care 4 you«. Kizzuwadna exportierte neben der Religion auch seine Schönschrift nach Hattusa.

Die schmucken Symbole nahm man in Hatti nicht für alltägliche Verlautbarungen her. Klein und fein erscheinen die Hieroglyphen auf Siegeln, die so etwas wie die Visitenkarten hochstehender Hethiter waren. Alles, was ins Auge fallen sollte, wurde in Bildern, sprich: auf Luwisch geschrieben. So die Eigenlobgesänge eines Großkönigs, wie zum Beispiel am Nisantepe in der Hauptstadt Hattusa. Und die Namen der Götter, wie in der Schlucht von Yazilikaya. Die auffälligen Zeichen waren auch wie geschaffen für Anzeigetafeln und Warnschilder, auf ewig in den Fels gehauen.

Alles ist entziffert, alles ist gelesen, also blickt der Hethitologe nun zurück: Wie sich Hethitisch und Luwisch eigentlich entwickelt haben. Damit begibt er sich auf ein Terrain, wo er mit den Archäologen kollidiert. Deren feste Lehrmeinung lautet: Die Hethiter sind um 2000 v. Chr. nach Kleinasien eingewandert. Der Sprachforscher widerspricht. Zu diesem Zeitpunkt existierten in Anatolien neben der hethitischen sieben eigenständige indogermanische Sprachen, die da nicht hingehörten. Stimmt die Annahme der Ausgräber, müßten also auch die Lyder, die Lyker, die Karer, die Pläer, die Sideter, die Milyer und die Luwier um diese Zeit zugezogen sein. Solch eine konzertierte Immigration in die heutige Zeit versetzt würde bedeuten: Franzosen, Spanier, Italiener, Dänen, Schweden, ganz England, Deutschland und Holland siedeln nach Australien um. Und zwar alle, denn mit ihnen verschwinden ihre Sprachen aus der ursprünglichen Heimat. Niemand in Europa spricht dann noch Niederländisch.

Weil so ein Szenario undenkbar ist, läßt Frank Starke die Bombe platzen: »Die Hethiter sind gar nicht eingewandert.«

Ihre Vorväter haben den Sprung nach Übersee gewagt. Unerschrocken bricht um 3000 v. Chr. ein Grüppchen früher Indogermanen von den Nordküsten des Schwarzen Meers zu unbekannten Ufern auf. Zurück bleiben Stammesangehörige, deren Wanderung und Sprache dann in andere Richtungen gehen: die Ur-Germanen und die Ur-Griechen. Auch wenn die Neu-Anatolier Überflieger sind, dauert es mindestens ein halbes Jahrtausend, die Protosprache zum Hethitischen weiterzuentwickeln. Aus einem anderen Zweig des Ur-Indogermanischen, das die Kolonialisten mitgebracht haben, bilden sich weitere sieben Sprachen heraus, darunter die luwische. Diese Fremdsprachen verdrängen das Hattische, das einzig genuine Idiom Kleinasiens. Daß es die Sprachforscher überhaupt entdecken konnten, verdanken sie den Hethitern. Das neue Herrschervolk nahm den uralten Namen an und gab sich und den Kindern hattische Namen.

Die Archäologen hören nicht recht: »Schon Anfang des 3. Jahrtausends v. Chr. sollen die Indogermanen in Anatolien eingewandert sein? Nie und nimmermehr!« Die Ausgräber halten sich lieber an Steine als an die Sprache: »Hätten sie sich so früh angesiedelt, wären aus dieser Zeit auch Bauwerke da.« Jürgen Seeher läßt mit sich reden: »Die weit frühere Einwanderung liegt für mich im Bereich des Möglichen. Schön wäre es jetzt, wenn wir Archäologen diese These mit dem Fund zeitgleicher Siedlungen untermauern könnten.« Aber vielleicht haben die Hethiter tausend Jahre lang nur an ihrer Sprache gebastelt und allein Gedankengebäude geformt. Nicht nur die Sprache hat es ihm angetan, sondern auch die Menschen dahinter. Frank Starke ist von den Hethitern schwer beeindruckt. Daß ihnen – so ganz im Gegensatz zur Gegenwart, wo die Fixierung auf das Volk so viel Unheil angerichtet hat – völkisches Denken völlig fremd war. »Die hethitische Sprache und übrigens auch alle übrigen anatolischen Sprachen besitzen nicht einmal ein Wort für Volk.« Stolz waren die Hethiter nicht auf ihr Volk, sondern auf ihren Staat. Hatti stand allen offen, und Ausländer wurden mit offenen Armen empfangen. »Fremdenfreundlich waren sie und nahmen alle, die nur wollten, in ihr Reich auf.«

Hieroglyphen der Ägypter, eine reine Bilderschrift. Keilschrift der Babylonier, die sich aus Bildern zu einer Silbenschrift entwickelte. Buchstaben der Phönizier, die das Alphabet erfanden.

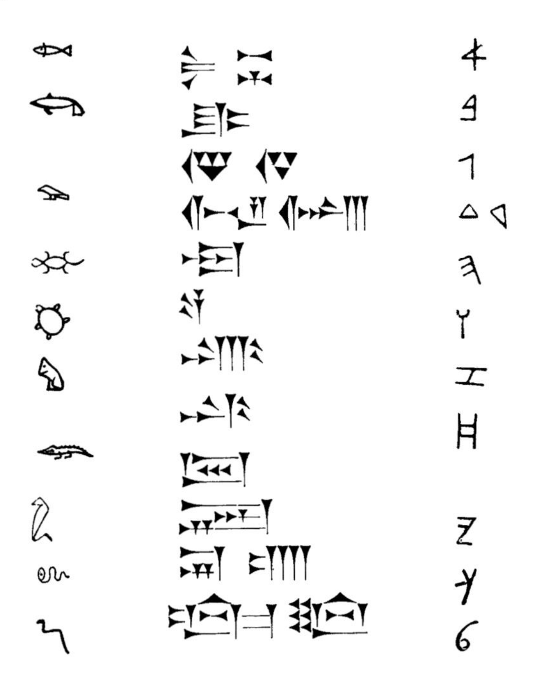

Zwar könnten sie sich auf tausend Götter berufen, doch sind es die Menschen, die ihr Tun bestimmen. Sagt der assyrische Bronzezeitgenosse, Gott habe ihm den Krieg befohlen, nimmt der Hethiter einen Feldzug auf seine eigene Kappe. Folglich macht er für eine Niederlage dann nicht die himmlischen Mächte, sondern sich selbst verantwortlich. So frei im Geiste, führen sie das Reflektieren in die frühe Gedankenwelt ein. »Wenn ich das und das mache, wird es die und die Folgen haben. Wenn ich es unterlasse, könnte folgendes passieren ...« Die Assyrer und die Ägypter beschimpfen in ihren Texten böse den Feind und lassen kein gutes Haar an ihm. Bei den Hethitern ist der Widersacher auch nur ein Mensch. Statt einer Fratze bekommt er Kontur auf ihren Schrifttafeln.

Dem Schlachtgetümmel kann der Hethiter nichts abgewinnen. Berichte vom Kampfgeschehen – sonst überall in der Alten Welt ein Tafel- und Wandfüller – findet er überflüssig. Was die Hethiter am Krieg interessiert, ist sein Ausgang und der Friedensvertrag. Haß fehlt fast ganz in ihrem Gefühlsrepertoire. So sind sie keine Unterdrücker, wenn sie ein

Das Siegel, das in Troja gefunden wurde. Frank Starke hat es entziffert. Es war die »Erkennungsmarke« eines Schreibers.

Land erobern. Statt die Vasallen zu ducken, fördern sie die Selbständigkeit. »In Hatti galt das Prinzip, daß alles, was vor Ort erledigt werden kann, auch vor Ort erledigt werden soll.« Die angeschlossenen Staaten sind also ziemlich souverän in Sachen Verwaltung, Rechtsprechung, Kultausübung und Handel.

In Hatti ist der König nicht Gott, nicht mal für seine Frau. Als »erster unter Gleichen« rangiert er innerhalb der königlichen Familie, und im Land hat er Vorrang, weil die Gemeinschaft es will. Frank Starke unterstreicht Hattis Rätemonarchie mit einem Kulttext aus dem 16. Jahrhundert v. Chr.: »Der König ist mächtig; doch das ganze Land verleiht ihm Macht.« Zu einer Zeit, da Pharaonen Götter sind und den Regierungsauftrag von oben bekommen, erhält Hattis Herrscher ihn von unten. Die den König groß machen, denen ist er auch verpflichtet. Per Grundgesetz schreiben sie ihm vor, das Gemeinwohl und nicht sein eigenes im Auge zu haben. Neben der Verfassung bewundert Frank Starke vor allem Hattis Verträge. »Sie stellen durch ihre ausgefeilte, präzise Diktion und durch ihre diplomatische, insbesondere auch psychologischen Momenten Rechnung tragende Raffinesse alles Bisherige in den Schatten.«

Sprachforscher und Archäologen liegen immer im Clinch. Der eine glaubt dem Wort, der andere hört auf die Steine. Für Jürgen Seeher sagt Hattusas Architektur mehr über die Hethiter aus als ihre Texte: »Nach dem Baubefund zu urteilen, waren die Hethiter keine Feingeister, sondern grobe Klötze.« Die schriftliche Überlieferung befindet der Archäologe als Filter, der die damalige Realität weichzeichnet: »Hat *ein* König seine Vasallen gut behandelt, wird das auf alle anderen Großkönige übertragen.« Softies mögen die Hethiter in Gedanken, doch niemals im wirklichen Leben gewesen sein. Humanität sei zu dieser Zeit und in dieser Gegend einfach nicht drin gewesen, so der Archäologe. Er sieht die Hethiter als Produkt ihrer Umwelt. Die Sozialisation in Anatolien habe sie geprägt und nicht ein dubioses indogermanisches Erbe. Ob sie so edel und gut waren, wie sie in ihren Texten erscheinen, mag Jürgen Seeher denn nicht so recht glauben. Heute sei das Papier und früher war der Ton geduldig. Die Hethiter sind für ihn eher Märchenerzähler als Geschichtsschreiber. Und Hatti stellt sich ihm keineswegs als »Freude-Friede-Eierkuchen-Staat« dar.

Der Sprachforscher läßt sich nicht irremachen. Für Frank Starke sind die Hethiter eine Ausnahmekultur. Die viel initiiert haben, aber als Initiatoren vergessen wurden. Schon die Mykener haben von ihnen profitiert. Deutlich in der Baukunst, denn auf dem Peloponnes taucht Architektur ganz wie in Hattusa auf, so das Löwentor in Mykene und die Poterne in Tiryns. Inwieweit Hattis Gedankenwelt die der Achäer prägte, zeigt sich ein halbes Jahrtausend später. Wäre Mykenes Schriftgut nicht bis auf die tönernen Einkaufzettel verlorengegangen, hätte sich vielleicht schon in Linear B der Ideentransfer nachlesen lassen. Hatti hat auf Agamemnons Landsleute sicher Eindruck gemacht. Sie kannten ja das hethitische Reich durch ihre Kolonien in Kleinasien und den einen oder anderen Großkönig auch persönlich. Als Staatsgäste werden sie auch in Hattusa geweilt haben. Wo man sich nicht nur das Löwentor abguckte.

Hatti ging unter, aber die Luwier blieben weiter präsent in Kleinasien. Als späteren Griechen der Sinn nach Kolonien stand, machten sie es wie ihre Ahnen und segelten nach Osten. Dort trafen die Siedler auf die Luwier, mit denen sie sich nicht nur arrangierten, sondern auch austauschten. In der Neustadt von Smyrna wird um 800 v. Chr. ein Junge geboren. Aufgeweckt ist

Die stark verwitterten Hieroglyphen vom Nisantepe, dem zentralen Fels Hattusas.

der kleine Grieche, den es bald zum Bazar in die Altstadt zieht, weil sie da die besten Geschichten erzählen. Von Frieden und Krieg. Vor allem von dem schrecklichen vor Troja. Von längst vergangenen Zeiten, die schöner waren als die jetzigen. Von alten Sitten, fremd und so wunderbar. Von Herrschern, die noch Größe hatten. »Was Homer in seiner Ilias an höfischer Kultur vorführt, ist für mich ganz klar hethitisch«, resümiert der Sprachforscher.
Homer ist bei den Hethitern in die Schule gegangen. Sie haben ihn beeinflußt, und er hat ihr Erbe an die Kulturen weitergegeben, die nach ihm kamen. Hatti hat Griechenland und somit das Abendland geprägt. Die asiatischen Europäer faszinieren. Und nicht nur den Sprachforscher.

Anneliese Peschlow kann sich nicht losreißen. Die Sonne sinkt, der Schatten senkt sich über die Rückseite des Latmos, und die Archäologin ist noch immer hinter dem Berg. Höchste Zeit abzusteigen, doch hat sie der Fund festgenagelt. Wieder und wieder sieht sie sich die Hieroglyphen an, die sie längst aus allen Blickwinkeln photographiert hat. Mit einem Zeichen Hattis rechnete keiner in dieser Ecke Kleinasiens. Zu gern wüßte sie schon jetzt, was die Hethiter hier zu vermelden hatten.

Ihr Glück, daß Starke und seine Kollegen schon ganze Vorarbeit geleistet haben. Des Luwischen mächtig ist auch Suzanne Herbordt, die sich bald anschickt, die Inschrift am Latmos zu lesen. Sind die Hieroglyphen auch stark verwittert, erkennt die Sprachwissenschaftlerin auf Anhieb den Sinn des zentralen Zeichens, das wie eine Kommode aussieht. Deutlich eine Kartusche, dieses Kästchen, das wie bei den Ägyptern die Königsnamen hervorhebt. Herbordt entziffert in der Umrandung den Namen Kupaia, für sie eine Kurzform von Kupanta-Kuruntiya. Dieser Großprinz ist kein Unbekannter, weil er einen berühmten Onkel hatte: Mursili II.

Dieser Großkönig taucht um 1300 v. Chr. persönlich im Westen Kleinasiens auf. Das Land Arzawa, immer schon ein Unruhestifter, macht mal wieder Ärger. Und jetzt hat sich der König Arzawas auch noch mit den Griechen verbündet, die sich in Hatti besorgniserregend breitmachen. Die Gefahr ist groß, daß sie ihren Einfluß ausweiten. Mursili muß eingreifen. Er selbst führt sein Heer gegen Arzawa und löscht hier nicht die Bevölkerung, doch aber das Land aus. Um hier ein für allemal für Ruhe zu sorgen, teilt er das aufmüpfige Arzawa in die zwei Teilstaaten Mira und Haballa. Er sucht die neuen Regenten aus und tut einiges dazu, daß sie ihm gewogen sind. So gibt er dem König von Mira seine Schwester zur Frau. Die hochwohlgeborene Hethiterin wird Mitregentin im Lande Mira, und weil sie keine eigenen Kinder hat, adoptiert sie Kupanta-Kuruntiya. Mit der Inschrift im Latmos steckt nun der Thronanwärter sein Revier ab.

Luwische Hieroglyphen im Torweg von Karatepe.

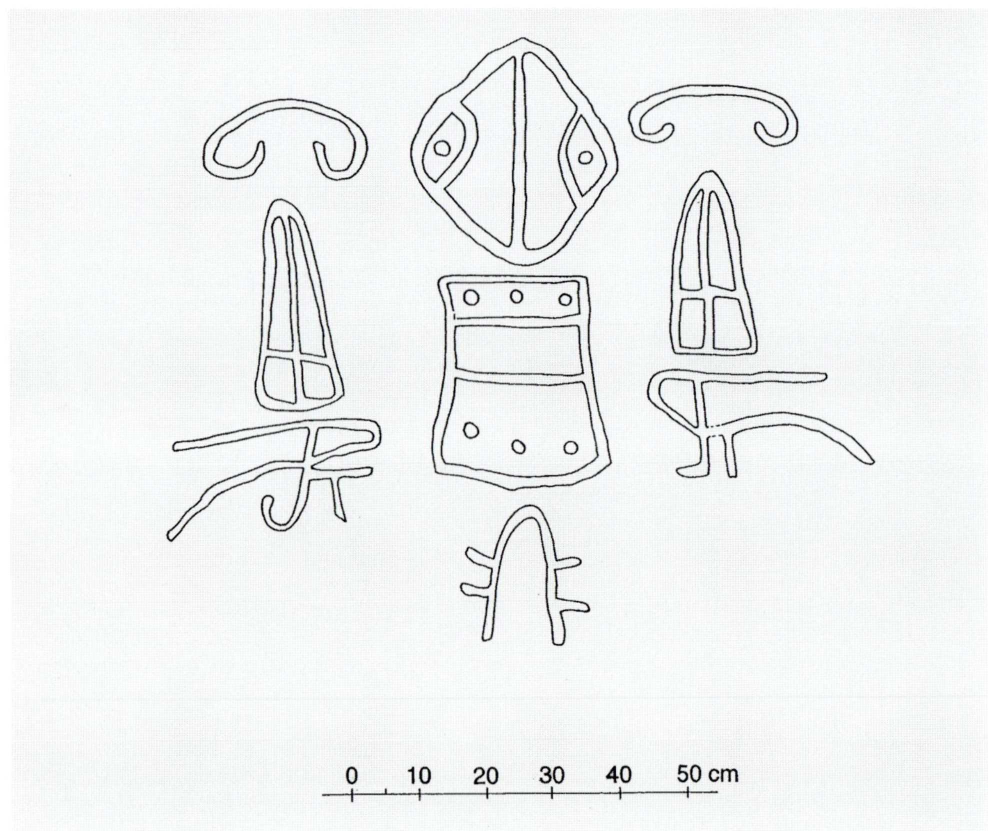

Oben: Die Hieroglyphen im Latmos. Unten: Sauber abgepaust kann die Sprachforscherin die luwische Bilderschrift besser lesen. Die »Kommode« in der Bildmitte ist das Königszeichen, unter der Kronprinz Kupanta-Kuruntiya firmiert.

Wo all die hethitischen Satellitenstaaten gelegen haben, ist zum größten Teil immer noch unklar. Erst 1997 ist es gelungen, Mira deutlicher einzugrenzen. Da endlich nahm sich ein Hethitologe die Inschrift bei Izmir vor, die Herodot vor 2500 Jahren als ägyptisch klassifiziert hatte. Der Brite J. David Hawkins liest in der Kartusche am Karabel-Paß den Namen des Königs von Mira, was ihn zu der Folgerung veranlaßt: »Mira ist seit langem als das prominenteste Königreich der Arzawa-Länder bekannt. Die Lesung der Inschrift von Karabel legt mit einem Schlag die Lokalisierung von Mira in der Umgebung von Karabel fest und widerlegt alle anderen vorgeschlagenen Lokalisierungen.« Die Südwestgrenze Miras markieren wohl die Hieroglyphen vom Latmos, und so war dieses Land weitaus größer, als man bisher angenommen hatte.

Die alte Weltmacht zeigt sich zögerlich. Ein Volk, das seine Spuren selbst verwischte, ist besonders schwer auszumachen. Noch gibt es viel zu entdecken. So sind die Provinzresidenzen Hattis bis jetzt nicht gefunden worden, wie zum Beispiel die Hauptstadt von Mira oder die von Haballa. Ganz oben auf der Suchliste steht Tarhuntassa, die Ausweichshauptstadt der Hethiter. Und dann natürlich der unbekannte Ort, in den zum Schluß die Bewohner Hattusas mit Sack und Pack umgezogen sind. In der letzten Kapitale erwarten Archäologen und Sprachforscher weitere Archive und neue Nachrichten aus der Bronzezeit. Hatti ist immer für Überraschungen gut.

Der wilde Latmos, Hattis natürlicher Grenzwall.

ANHANG

	HATTI	ÄGYPTEN	GRIECHENLAND	NORD- UND MITTELEUROPA
1800 v. Chr.	Assyrische Händler erschliessen Anatolien	11.–12. Dynastie	Auf Kreta haben die Minoer seit Beginn der Bronzezeit 3000 v.Chr. ihre Hochkultur entwickelt. Ihre Linear-A-Schrift benutzen sie seit 1900 v.Chr.	Blütezeit von Stonehenge ist gerade vorüber Megalith-Kultur
1750	Pithana, König von Kussara	13.–16. Dynastie	Kretische Kolonien in Milet, Knidos und Jasos	In Nord- und Mitteleuropa beginnt jetzt die Bronzezeit Siedlungen werden jetzt befestigt, was auf Spannungen zwischen den Stämmen hindeutet
1700	Anitta, König und Großkönig		*verstärkte Präsenz der Minoer in Kleinasien*	Pfahlbauten an Seeufern Aus den Sreitaxtkulturen gehen die Germanen hervor
1650	*Überlieferungslücke von 130 Jahren*			
1600			Vulkanausbruch zerstört Santorin, minoische Dependance in der Ägäis	
1550	Hattusili I. (ca. 1565–1540)			
1540	Mursili I. (ca. 1540–1530)	Neues Reich: Ahmose (1540–1517)		
1530	Hantili I. Zidanta I.			
1520	Amunna	Amenophis I. (1517–1496)		Die Hütten sind klein, die Befestigungen mächtig. In Europa baut man hauptsächlich Wälle
1510	Huzzija I.			
1500	Telibinu (1500)	Thutmosis I. (1496–1482)	Mykene wird groß	
1490				
1480	Tahurwaili Alluwamna Großkönigin Harapsili	Thutmosis II. (1483–1479) Hatschepsut (1479–1459)	Mykener erobern Kreta und zerstören die minoischen Paläste	*Kultur der Germanen auf dem Höhepunkt*
1470	Hantili II.			
1460		Thutmosis III. (1459–1426)	Mykener übernehmen auch die minoischen Kolonien in Kleinasien und setzen sich ab 1440 in Milet fest	
1450	Zidanta II.			
1440	Huzzija II.			
1430	Muwatalli I.			
1420	Tuthalija I. (ca. 1420–1400) Großkönigin Nikalmati	Amenophis II. (1426–1400)		
1410				

	HATTI	ÄGYPTEN	GRIECHENLAND	NORD- UND MITTELEUROPA
1400	Arnuwanda I. (ca. 1400–1375)	Thutmosis IV. (1400–1390)		
1390		Amenophis III. (1390–1352)		Hügelgräberkultur in Mitteleuropa
1380				
	Tuthalija II. (ca. 1375–1355)			
1370			*Blütezeit der mykenischen Kultur* *Paläste in Mykene, Tiryns Pylos, Orchomenos*	
1360				
	Suppiluliuma I. (ca. 1355–1320)	Amenophis IV. = Echnaton (1352–1336)		
1350				
1340	Daduhepa, Hinti, Malnigal Bildung des Großreiches	Tut-ench-Amun (1332–1322)		
1330				
1320	Arnuwanda II. (ca. 1320–1318)	Eje (1322–1319) Haremhab (1319–1293)		
1310	Mursili II. (ca. 1318–1290)			
1300	Gassulawija Danuhepa	13. Dynastie		
1290	Muwatalli II. (ca. 1290–1272)	Ramses I. (1293–1290)		
1280		Sethos I. (1290–1279)		
	1275 Schlacht von Kadesch			
1270	Mursili III. (Urhitesup) (1272–1265)	Ramses II. (1279–1213)		
1260	Hattusili II. (ca. 1265–1240) 1259 Friedensschluß mit Ägypten			
1250	Puduhepa			
1240	Tuthalija III. (ca. 1240–1215)			
1230	Kuruntas Interimsregierung			
1220				
	Suppiluliuma II. bis ca. 1190	Merenptah (1213–1204)		
1210				
			Trojanischer Krieg	
1200		Sethos II. (1204–1198) Siptah (1197–1192)		
1190	Untergang Hattusas	20. Dynastie Ramses III. (1187–1156)		
1180				
1170		Kampf gegen die Seevölker		
1160				
1150			1150 v.Chr. Untergang Mykenes	
	Hethiter bilden Kleinstaaten wie z.B. in Karatepe			
	ca. 700 v.Chr. geht Hatti endgültig unter			

WEITERFÜHRENDE LITERATUR

Akurgal, Ekrem: Die Kunst der Hethiter, München 1961

Bittel, Kurt: Die Hethiter, München 1976

Bittel, Kurt: Hattuscha, Hauptstadt der Hethiter, Köln 1983

Bittel, Kurt: Reisen und Ausgrabungen in Ägypten, Kleinasien, Bulgarien und Griechenland 1930–1934, Mainz 1998

Cambel, Halet: Karatepe – Arslantas. The Inscriptions: Facsimile Edition, Corpus of Hieroglyphic Luwian Inscriptions II, Berlin/ New York 1999

Ceram, C.W.: Enge Schlucht und Schwarzer Berg, Hamburg 1955

Cornelius, Friedrich: Geschichte der Hethiter mit besonderer Berücksichtigung der geographischen Verhältnisse und der Rechtsgeschichte, Darmstadt 1976

Die Hethiter und ihr Reich. Das Volk der 1000 Götter. Wissenschaftlicher Begleitband zur gleichnamigen Ausstellung, Stuttgart 2002

Dörner, Friedrich Karl (Hrsg.): Vom Bosporus zum Ararat, Mainz 1981

Gurney, O. R.: The Hittites, Pelican Book 1952

Haas, Volkert: Magie und Mythen im Reich der Hethiter. Vegetationskulte und Pflanzenmagie, Hamburg 1977

Haas, Volkert: Hethitische Berggötter und hurritische Steindämonen, Mainz 1982

Herodot: Historien I–V

Homer: Ilias

Latacz, Joachim: Troia und Homer. Der Weg zur Lösung eines alten Rätsels, München, Berlin 2001

Neve, Peter: Hattusa, Stadt der Götter und Tempel, Mainz 1992

Neve, Peter: Regenkult-Anlagen in Boghazköy-Hattusa, in: Istanbuler Mitteilungen, Beiheft 5, Tübingen 1971

Otten, Heinrich: Hethitische Totenrituale, Berlin 1958

Peschlow-Bindokat, Anneliese: Frühe Menschenbilder. Die prähistorischen Felsmalereien des Latmos-Gebirges, Mainz 2003

Peschlow-Bindokat, Anneliese: Der Latmos. Eine unbekannte Gebirgslandschaft am der türkischen Westküste, Mainz 1996

Seeher, Jürgen: Getreidelagerung in unterirdischen Großspeichern. Zur Methode und ihrer Anwendung im 2. Jahrtausend v. Chr. am Beispiel der Befunde in Hattusa, in: Studi Micenei ed Egeo-Anatolici 42/2, Rom 2000

Seeher, Jürgen: Die Zerstörung der Stadt Hattusa, in: IV. Internationaler Hethitologie-Kongreß, Mainz 2001

Starke, Frank: Troia im Kontext des historisch-politischen und sprachlichen Umfeldes Kleinasiens im 2. Jahrtausend, in: Studia Troica 7, 1997

Trümpler, Charlotte (Hrsg.): Agatha Christie und der Orient. Kriminalistik und Archäologie, Bern, München, Wien 1999

Für die Überlassung des Nachlasses von Ilse Bittel dankt die Autorin sehr herzlich Magda und Wilfried Knöringer in Giengen.

BILDNACHWEIS

Ilse Bittel Archiv/Wilfried Knöringer
S. 23, 24, 25, 26, 29, 30, 31, 33, 34, 35, 67.

Rolf Weinert
S. 13 rechts, 14, 15, 16, 17, 28, 37, 38, 59, 60, 61, 63, 65, 66, 67 unten, 68, 69, 70, 71, 72, 76, 94.

Ulrich Schendzielorz
S. 6/7, 11 Mitte, 12, 13 links, 18, 21, 36, 41, 42, 51, 52, 55, 56, 73, 74, 75, 77, 81, 82, 83, 84, 85, 86, 87, 90, 91, 95, 97, 98/99.

Anneliese Peschlow
S. 10, 11, 96.

Jürgen Seeher
S. 78.

Archiv der Autorin
S. 20, 27, 43, 62.

Verlagsarchiv
S. 18, 19, 21, 32, 92, 93.

Waltraud Sperlich
Troja war nicht allein
Abenteuer Archäologie

96 Seiten
durchgehend farbig
mit zahlreichen Abbildungen
Broschur, 13 x 20 cm
ISBN 3-7995-7981-8

Homer hat das umkämpfte Troja in seinen Gesängen verewigt. Ihn hat Heinrich Schliemann beim Wort genommen und tatsächlich die sagenhafte Stadt gefunden. Und Troja bleibt spannend: Seit einigen Jahren gräbt an dieser Stätte der deutsche Archäologe Manfred Korfmann und sorgt für eine Überraschung nach der anderen. Sein jüngster Fund, die Entdeckung der von Homer beschriebenen »Quellen« Trojas, eines gewaltigen unterirdischen Kanalsystems, hat weltweit Aufsehen erregt. Doch: Troja war nicht allein. An der Westküste Kleinasiens, nur einen Delphinsprung übers Meer von dem berühmten Ort entfernt, liegt Limantepe, der »Hafen am Hügel«. Hier ist der türkische Archäologe Hayal Erkanal Geheimnissen auf der Spur, die aufhorchen lassen. Limantepe scheint eine weitere Hochburg der Bronzezeit zu sein – Troja bekommt Konkurrenz!

ca. 208 Seiten
ca. 400 Abbildungen
Gebunden mit Schutzumschlag
21,5 x 28 cm
ISBN 3-7995-0118-5

Ulrich Wegner rollt die Geschichte der griechischen Spiele und Wettkämpfe zu Ehren der Götter lebendig und kenntnisreich auf, von den ersten Ansätzen etwa in Kreta und Mykene über den Höhepunkt der Olympischen Spiele mit ihren ausgefeilten Regeln bis zum Untergang der griechischen Wettkampfkultur.

Dabei zeigen sich auch verblüffende Parallelen zu den heutigen Spielen, von der hehren Idee des olympischen Festfriedens bis zu den auch in der Antike nicht unbekannten menschlichen Unzulänglichkeiten wie Eitelkeit, Korruption, unfaires Verhalten und Doping. Athleten und Kampfrichter der vielfältigen Disziplinen, vergötterte Sieger und geschmähte Verlierer, mythische Helden und die Schar der Zuschauer – der Autor entwirft ein buntes Panorama der Beteiligten und bietet zudem Einblicke in allgemeine kulturgeschichtliche Zusammenhänge, von der Sport- und Bäderkultur über die Rolle von Schule und Theater bis hin zur Architektur.
Zahlreiche farbige Abbildungen illustrieren den Band und machen ihn zu einem Lesevergnügen.